頁をめくる音で息をする

藤井基二

本の雑誌社

もくじ

夜の染み

夜の染み

脱走兵

「深夜の古本屋」。

これが僕の店を表す惹句だろう。世にも珍しい深夜にだけ開く古本屋なんて言われたりする。けれど、珍しいこともない。東京であれば、それなりに深夜に営業している本屋さんはあったりする。それに僕の店は土日であれば日中に営業している。品揃えがこれといって特化している訳でもなく、ごくありふれた町の古本屋であるように心がけている。「ごくありふれた町の古本屋」自体が、現代では絶滅危惧種でもあるのだけれど。なぜかどうしてか古本屋を始めて、なんとか五年生き残った。死にぞこなったとも言えるかもしれない。

きっかけは京都の私立大学を進路を決めないまま卒業したことだった。その頃の僕を表すなら「惨め」の一言につきる。本当は大学院に進学したかった。文学の研究者になりたかった。いや、ただ京都で暮らしたかった。本を読んで、本に触れて生きていたかった。できれば好きな女の子と一緒に。でも、それは叶わなかった。卒業前の数か月、僕はまったく本が読めない状態になっていた。大学院進学を諦めた。慌てて始めた就活でなんとか決まった内定先は辞退した。あんなに書きたかった中原中也の卒論も書き終えれないまま、僕は卒業した。いや卒業させてもらった。実家に帰ってきた僕は惨めだった。久しぶりに香る実家の匂いが悲しすぎるほどに優しかった。

つまり、僕は逃げたのだった。社会人になることから逃げた。「社会人」という人間が何かも分らなかった。それでも人は勝てと言う。負けるなと言う。頑張れと言う。努力しろと言う。銃を突然渡されて、目の前の敵を殺せと言うか如く。それは戦場だった。でも僕は頑張りたくもなければ、努力もしたくない。誰も殺したくないのに、どうして戦えと言うのか。誰かを蹴落として生き残ることが、本当に勝ったと言えるのか。ただ僕は本を読んで、本に触れて、女の子と一緒に美味しい酒を飲みつつ暮らしたいだけなのに。

でも、好きな本を読むにも美味しいお酒を飲むにも金はいる。奨学金の返済も日本学生支援機構は待ってくれない。気づけば僕は故郷の隣町、尾道に足が向かっていた。この町なら僕を受け入れてくれる。なぜか無条件にそう信じこんでいた。それからの僕の動きは早かった。卒業して一年後、ここ尾道で古本屋弐拾dB(にじゅうでしべる)を開店した。

古本屋を始めてこの四月で五年が経つ。去年の夏には古書組合へ入会し、生活を補うためのアルバイトは年の暮れに退職した。古本を買い取り、古本を売り、なんとか生きている。時々お客さんから貰った缶ビールをちびちび飲みつつ、よもやま話に花を咲かす。学生時代に願ってやまなかった暮らしをそれなりに謳歌してしまっている。逃げ続けていたら、そこに本があった。

僕は戦場から逃げ出した脱走兵だ。逃げた先が古本屋だった。隠れた先が深夜だった。これしかないと思いたかった。あなたしかいないと、僕しかいないと思いたかった。夜と朝の間に隠した頁《ページ》の切れ端は、見つからないまま、また僕は渡せなかった物語を書き始める。

匂い

大学生時代、京都から新幹線で福山に帰省するたび、この町の匂いに僕は胸をしめつけられた。土の香りなのか、福山城公園に植えられた植物の香りというのか、それともＪＦＥスチールから流れてくる匂いなのか、駅に併設されたセブンイレブンとなか卯の匂いが混ざったものなのか。具体的に表現しにくい、ただ「福山の匂い」という言葉が一番しっくりとくる。僕は嬉しいような、けれど恥ずかしいような気持ちになる。「そうか、これが僕の故郷か」と、幾度となく思わされた。

実家の近所に「ひなくら文房具」という昔ながらの駄菓子屋さんがあった。「文房具」とついてはいるが申し訳程度の筆記具があるのみで、薄暗い店内には宝石のように駄菓子が敷き詰められていた。たしかモーニング娘。の当たりくじなんてのもあった。遠足のお菓子三〇〇円を買うのはこの店だ。ふだんはお小遣いをもらってお菓子を買うことはできなかったので、その時ばかりは胸が躍った。骨董品を吟味する好事家のように一個ずつ悩みながら選ぶ。白いビニール袋のなかは軽くも甘い宝物だった。(最近久しぶりにのぞこうと思ったら、跡形もなく更地になっていた。)

自分の故郷福山をめぐればいろいろなことが思いめぐらされる。家族とちょっとした買い物にでかけるときは市内でもっとも大きなショッピングセンター「ポートプラザ」だった。初めての眼鏡を作ったのも、姉が連れて行ってくれた初めてのスタバも、クリスマスプレゼントにと犬のぬいぐるみを買ってもらったのもここだった。お店のスタッフの人とやりとりしていると、自然に方言を交えた会話になる。チェーン店なのに素朴でどこか良かった。

小学生のとき父に連れられて行った「自由軒」は今も営業を続けている。Uの字カウンターの席では遅い昼休憩の会社員に、親子連れ、昼間から酒を飲みかわすおっさん達が同じ時間を過ごす。ふらふらと帰ってきた僕は何とはなしに一人通うようになった。足を引きずりながらも華麗に客をさばきつつ、おでん鍋に出汁を足すお母さんの動きに茶道の点前を見るかのようで、心が動かされる。たしか、初めてここに来た時、僕はカレーライスを食べていた。父とガメラ3を観た帰りだったけ。その時、酔っ払いのおじさんにからまれた。今では僕が酔っ払いになっちまった。

町にはどんどんチェーン店が増えていく。気づけば思いを寄せていた建物も駐車場になっている。それでも取り残されたように昔ながらの商店があり、あるいはあえて踏みとどまるように店を続けている人々がいる。僕はそんな場所の匂いを自ら嗅ごうとしているのかもしれない。福山唯一の観光地と言ってもいい鞆の浦へと続く道沿いにある喫茶店、「ファミリー喫茶花茎《かけい》」。僕は毎年暮れの実家の餅つきの日に必ずここへ立ち寄る。店内ではテレビと中華風アレンジの有線が同時に流れ、おしぼりはタオルを小さく縫った手製のもの。メニューを開くとホットコーヒー、唐揚げ定食、ホットケーキなどよくある町の喫茶店の感なのだけれど、気取らない雰囲気で僕は好きだ。ここから瀬戸内海の風景を眺める度に、死ぬならこの店のソファの上もいいなと思う。

大学に行く前、僕はこの町がたまらなく嫌いだった。風俗店とパチンコ屋ばかりあるこの町が嫌いだった。没個性な町だと思っていた。自分の町を「便利だけど何もない町」と苦笑い気味に紹介した。町の位置を他県の人に説明するとき、「倉敷と尾道の間」とも言っていた。けれど、嫌いであるのに嫌いぬくことができなかった自分がいた。それが町の匂いだった。僕にも染みついた「福山の匂い」だった。母親の指から香った玉ねぎの匂いような、畑を耕して帰ってきた祖母の手から香った土の匂いのような、町を暮らす人々の生活の匂いだった。大嫌いな町だったのに、大好きだった。

この町に生まれ育った僕にしか嗅ぐことのできない匂いがたしかにあった。どこに暮らそうと、この匂いを僕はまとって生きている。

見えない手

詩集は売れなくなった。とある古本屋の店主は言っていた。「詩はなぁ、昔に比べればなぁ……」と。そんな売れなくなった詩集を僕の店ではそれなりに棚を占めて並べている。それは自分自身が詩を愛してしまっているからだし、もっとも本の姿が似合うのは詩集だと思っているからか。詩は情報ではない。データではない。今すぐ役に立つ便利なものではない。例えると、それは「見えない手」なのだと。私の感情を握り、引っ張り、時には引っ叩く、手。詩人たちの手は本の形をして、私たちの前に表れている。

こんな夜があった。女子学生の二人組が来店し早々に「何か詩集はありませんか?」と聞いてきた。初めての来店でもあったので、急に聞かれて少し戸惑う。どんな詩が好きですかと聞くと、普段読まないけれど詩集を読んでみたいとのこと。このような場合のお勧めはなかなかに難しい。ではと鮎川信夫や田村隆一はやや渋すぎる気もするし、谷川俊太郎を勧めるのも何か逃げたような気持ちになる。僕の好きな中原中也はちょっと二人の今日の雰囲気には合わないかもしれない。現代詩人の詩集なんぞはとも思ったが、在庫が無かった。それでもあれこれと会話しつつ、二人は『尾形亀之助詩集　美しい街』（夏葉社）と『中澤系歌集　uta0001.txt』（皓星社）を選んだ。個人的に嬉しいチョイス。僕のおすすめしていた本じゃなかったけれど……。

会計も終わり店を帰ろうとした時、二人は帳場近くに積みあげていた本の山から、とある一冊を抜きだした。尾道生れの妙見幸子さんという方が書いた詩集『雪の花びら――電動タイプでうたう』（東方出版）。常連のおじいさんが持ってきたもので、同タイトルのものが五冊ほどあった。おそらく知人などに配られていたのかもしれない。妙見さんは仮死状態で生まれ、脳性マヒの障害を抱えていた方だったそうだ。四肢が不自由な彼女に福山若草園の先生が電動タイプを紹介し、一四歳の少女の詩作が始まる。彼女がはじめて書いた「小さな想い出」は、後にフォーク調の音楽もつけられ、四年後の奈良でひらかれた「わたぼうし音楽祭」で入賞作に選ばれる。白く静かな装丁の詩集を開くと、なんとも可愛らしい恋の詩など多数あり、こそばゆくなるのだが、次のような詩があると頁をめくる手がふと止まる。

みそ汁一杯も作れない
たった一杯のお茶さえ沸かせない
あなたはほんとうにやさしいひとだから
やるせなくて　くやしくて
誰がこの手を　この足を　見かけ倒しにしたのですか

——妙見幸子「車の中で」より

詩集には「手」にまつわる詩がいくつか収められている。同じ施設に過ごした方に向けられたであろう「筋ジストロフィのあなたへ」では

もう　これだけしか　力　無いの　と　さみしく笑うあなたに
私のほうが　悲しくなって
もう一度思いっきり手を握って—　と言い　手を出した

すると　あなたは
歯を食いしばり　あらん限りの力をふりしぼり
私の手を握ったけれど
痛くはなかった
それで私は　なおいっそう悲しくなった

——妙見幸子「筋ジストロフィのあなたへ」より

ゆっくりと読みあっていた二人は、それぞれ一冊ずつ買い足して夜の店をあとにした。そうかこんな買い方もあるのかと、僕は気づかされた。

いい詩とは何かという話をお客さんと時々する。そのたびに僕は悩みながらこう答える。それは「切実さと誠実さ」なのではないかと。それを語らざるを得なかった詩人の切実さと、言葉に対する、あるいはその詩を手にする人びとへの誠実さ。妙見さんの詩は、詩的表現としては素朴なものかもしれない。けれど多弁で巧みな詩よりも切実で誠実ではないかと思う。彼女の手はたしかに読んだ僕の手を握る。

詩集は売れなくなったと言っていた。新刊書店では平積みされた本が煌びやかだ。

売れるとは何かと古本屋の僕はふと立ち止まりたくなる。その本たちは僕の手を握ってくれるのだろうか。引っ叩くというのか。そもそも手がない本もあるのかもしれないと、僕はまた売れない詩集をいそいそと仕入れる。

古本戦線、異常なし

古本屋を始めてこの四月で五周年を迎えることができた。深夜営業という阿保な開店時間にも関わらず、沢山のお客さんに支えられて無事に死にぞこなった。ありがたい、同時に申し訳ない気持ちでいっぱいだったりもする。期待はずれな店ではなかったか、つまらない店と思われていないか、品揃えがおもんないと思われてないか、不安になったりする。それとはお構いなく、いろんなメディアで取り上げていただく機会は多い。「深夜の尾道、文学青年が営む真夜中の古本屋」という趣だろうか。少しでも多くの方に知っていただいて、一人でも未来の常連さんになってもらえたら、と思っている。取材をしてくださる方々も仕事であるし、一人の人間であり、お客さんでもある。だから、なるべく取材は断らないようにしている。それでも、ネット上にあがっている内容を事前に確認もせずに聞かれたりすると悲しくなる。テレビの取材などで、本をぞんざいに扱われたりすると店を犯されたような気持ちになったこともあった。（送られてきた放送回のＤＶＤは封も開けずにゴミ箱に投げた）

雑誌で取り上げられたりすると、少しお洒落な感じに映るので、普段は本を読まないお客さんも増える。本を手に取りながら「値段はどこに書いてありますか？」と素朴な質問が来たりする。なんとなく暗黙の了解で、裏表紙の見返し部分に書いてあるものと思い込んでいた自分の普通は、他人の普通ではないと気づかされる。「ここはどういうシステムですか？」と聞かれたこともあった。あっけにとられながら「欲しい本があったら……買うですかね……。」という阿保な返答をしてしまう。そもそも古本屋、本屋だと思われていない可能性がある。

いささか棚が渋すぎるのか、店には来ても何も買わずに帰る若いお客さんも多い。雑誌で取り上げられる温度感と実際の本棚のラインナップに多少のズレがあるのかもしれない。毎度、写真撮っていいですか？とは聞かれながらも、何も買わないお客さんに悔しい思いをする。なんとしても、そのお客さんに本を買ってもらおうと思うも、媚びすぎた棚にはしたくない。なので、時々ブックオフに行くついでに（古本の在庫が増えて、店では扱いにくく組合の市会にも出品しづらいものはブックオフに持っていくことにしている）新しいお客さん向けの本を選び、さりげなく本棚に指しておく。選んできた本たちは棚にさしていると、なぜだかすぐに売れていく。大事なのは、さりげなく。そして少しクサく。

常連のお客さんの好みもある程度把握して、本を仕入れてくる。気持ち的には専門書店というよりも、町の商店的な思いで棚を作る。ゆりかごから墓場まで、絵本からエロまで。店では一割ほど新刊を扱っている。最近は新刊で料理本をいれてみたりすると、コンスタントに売れていく。素朴に嬉しい。あるいは、ソフトオンデマンドのカタログも常連のおじいさん向けに仕入れると、隔週で店に来てくれて何冊か買って帰る。

店はつくづくひとりだけでは完成しないと思う。店主の自己表現というよりも、お客さんとの共同作業で共に弐拾dBという料理を作っている気がする。僕としては昔ながらの古本屋と独立系書店のあいがけご飯のような店になればいいと思う。少々、味が濃くなるのはお客さんの癖が強いから。決して店主のアクが強いからではない。

不健全な肉体に宿る、健全な魂

深夜の古本屋の死活問題は何よりもずばり、睡眠である。午後十一時に開店し、午前三時に戸を閉める。店の二階は居住スペースになっている。（二階はシェアハウスになっていて、男女五、六人で暮らしている。シェアハウスとは名ばかりの下宿のような雰囲気）歯を磨いたりなぞしたり、身支度を整え三畳ほどの自室に帰る。それでだいたい午前四時過ぎ。朝五時になることもしばしば。前まで働いていたゲストハウスからの払い下げせんべい布団に潜り込む。貨物列車が通るたび、建物は揺れる。真夜中の酔客の女の声か、ノラ猫の声か、聞いているうちに眠っている。眠りのなかでは仕入れに出たり、本を売っていることもある。これでは「夢金」ならぬ「夢本」だ。

この暮らしも六年目になるので、もうとっくに慣れているのだけれど自律神経の乱れはすごい。起きる時はいつも半固体の人間の形をした何か。一階のリビングへ降りると、だいたいシェアハウスの誰かがくつろいでいる。受けとってもらった段ボールを寝巻のまま開ける。注文していた新刊書。いっとき自分のものになった錯覚を楽しみながら、これいつ全部売り切るねんと注文しすぎた向きのある本たちを眺める。趣味の買い物がないかわりに、新刊書を注文して物欲を満たしている。

ご飯は基本、自炊をしない。買ってきたものを食べるか、外食がほとんど。だらしがないけれど、許しを願いたい。日によってはお客さんの差し入れでいただいた、米、野菜、卵などで一食まかなえることもある。他にも、缶ビールに缶コーヒー、ワンカップ、花、お饅頭など差し入れでいただく。帳場の中はさながら仏壇か事故現場だ。「わしは死んだんか」と苦笑いしてしまう。

外食もだいたい決まった店に行ってしまう。昼ご飯なら、尾道でも有名なクレープ屋。の横でひっそりと営業を続けている「喫茶軽食 せき」。小さい店内では、常連のおばちゃん達が世間話に花を咲かす。SNSよりも早い情報網だろう。日替わり定食はお母さんの担当、からあげ定食やハンバーグ定食などの定番メニューはお父さんの担当になっている。ちょくちょくと顔を出すうちに「ハイライトの君」という通名で顔を覚えられた。今時分、のんびりと煙草をくゆらすことのできるお店は貴重だ。お母さんの喋り方や心遣いがさりげなく、教わることも多い。

店ではもっぱら、珈琲かほうじ茶を飲む。酒も時々。ビールを飲む、時々。一時期は毎晩飲みながらの営業になっていたこともあったが、体がもたなくなってきた。それに、飲みながら値付けをしていると気持ちが大仰になるのか、大胆な（適当な）価格をつけてしまう。お客さんが番台に持ってきた本の値段を見て驚愕する。

開店前、閉店後、お客さんと飲むこともある。店がある久保二丁目は「新開」という、かつては遊郭地区だった。その名残は今も残っており、手ごろな飲み屋が目と鼻の先にある。ある時、鹿児島出身の男の子を焼き鳥屋さんに連れて行ったことがあった。閉店後、さすがにどこの飲み屋も開いていないのだが、同じ鹿児島出身の焼き鳥屋の店主が特別に開けて待っていてくれた。男の子は広島市内で暮らしていて、慣れない町でさみしかったのだろう。「将来、何になるの？　公務員♪　わたしも公務員♪」という鹿児島ローカルのＣＭを嬉しそうに店主と話していた。一杯がいっぱいに。慣れない焼酎を僕も飲み明かした。

日常的に夜更かしで、酒、煙草を飲み続けていれば、どう考えても長生きはできないだろう。それでも、なるべく長く、死ぬまで店がしたいと思うのは業が深いのだろうか。不健全な肉体に宿る、健全な魂。そうかといえ、健康的で快活な古本屋店主になりたいかと聞かれれば、どこか胡散臭い気もする。

図書室の怠け者

小学生のときは熱心に本を読む子どもではなかった。読書感想文の宿題では、表紙や装丁の雰囲気でなんとなく借りては、一頁も読まずにタイトルから内容を適当に推測して「おもしろかった」などと、まったく面白くもない感想をでっちあげた。当時は「ハリーポッターと賢者の石」がクラスの一番人気で、同級生たちはこぞって読んでいた。その分厚い本を読んでいる姿に憧れ、親に買ってもらったものの、最初の数行で挫折した。書いていることを理解するしない以前に、集中力が続かなかった。（今も長編小説は苦手だったりする）

それでも実家には、大量の本があった。祖母の部屋に残された、亡き祖父の黒っぽい本や大判の百科事典、福山市史や地元の史跡についてまとめあげた資料集。母親の本棚には村上春樹と村上龍など現代作家の文庫本と「エースをねらえ」が同居した。

さらに父親の本は圧倒的な量で家を侵食し、本棚は部屋からはみ出して、階段までも本棚になってしまった。僕は読みもしないのに、そんな本棚を物色するのが好きだった。本棚の中になにか秘密が隠されている。ちょっとした宝探しだった。

小学五年生になると学校の委員を決めなくてはいけない。学校で飼っているウサギやインコの世話をする飼育委員、サッカーボールや一輪車の整理やらをする体育委員など。僕は根っからの怠け者体質で、汗水垂らす雰囲気は避けたかった。そんな僕に六歳上の兄は図書委員を勧めた。「カウンターに座って本を読むだけじゃけぇ、楽よ」と。僕は言われるがまま図書委員に希望を出した。

実際には表紙がはがれてしまった本の修繕などをしなければならず、手先が不器用な僕には不向きな作業も多かった。ぼろぼろな本をさらに痛めてしまいそうな僕を見かねてか、担当の先生は僕にカウンターでの本の貸し借りの受付を任せた。お昼休憩に放課後、カウンターにぼんやりと座り、下級生や同級生が借りにきた本のバーコードをピッと読み取る。あるいは返しにきた本のバーコードをピッ。他には特にすることもなくぼんやりしている。

それまで僕は自分から好きだと思える本がなかった。「かいけつゾロリ」やいかにも子供向けのとんちの本など、なんとなく棚にあるからちょっと読む。その程度だった。同じ図書委員の女の子がミヒャエル・エンデの『モモ』を図書紹介に書いていて、羨ましかった。僕も他のみんなとは違う、自分だけの好きな本が欲しかった。カウンターにいるからには、何か本を読まなくてはいけないと、図書室にある本をぼんやりと物色する。あまり長い話は読めないし、伝記マンガは子供ぽい。僕でも読めそうで、ちょっと変わったのはないかと探していると目にとまった本があった。星新一のショートショートセレクション。その表紙は今もよく覚えている。和田誠の可愛らしくも、どこか奇妙さや怖さが滲みでたイラスト。ショートショートという聞きなれないジャンル。でも短い話なら、僕も読めそうだと頁を開いた。その時の感想は、ただもう面白い。そうして、なんて短いのだ。

作品によっては、見開き二頁で話が完結する。どれも不思議で不気味で、短さの中に世界が完結している。最後、しっかりとサゲがある。かつ読んだあと、ざわざわした気持ちで、また同じ話を読み返してしまう。ショーショートの名手、阿刀田高さんは「短編小説は礼儀正しい文学」とも書いていた。物語は短くも、圧倒的な速さで僕を刺す。その「礼儀正しさ」に僕は見事にやられたのだった。これは、僕だけが知っている特別な本だ。図書室で自分が選び取った、自分だけの本。それからというもの、好きな本はと聞かれれば「星新一のショートショートだよ」と答えるようになった。少し、自慢げに。

古本商人

「おすすめの本ないですか？」

初めて来たお客さんの出しぬけの質問である。店主おすすめのラーメンではない。本のおすすめである。僕の店では少なくない数でおすすめを聞かれる。そのたびに戸惑う。自分自身が好きな本や気になった本を深く考えもせずに買っては、読んでいない本の山の標高を日々更新しているタチなので、さてどうしたものかと悩む。

本の選択に間違いはない。仮にタイトルに惹かれ、いざ読んでみると面白くなかったとしても、それは失敗ではない。自分の好みにあわなかっただけか、今がそのタイミングでなかった。それを知ることができるのなら、無駄な読書なんて存在しないとさえ思う。ラーメンは食べきらなくては伸びてしまうが本は読まなくても、ひとまず伸びない。気になったのなら片っ端から買ってみること。すると古本屋の店主もひとまず嬉しい……。

さて、初めて会ったお客さんに何をおすすめすればいいのか。前段のラーメンのくだりの話をしながらも、一応はお客さんの好みを聞いてみる。普段、どんな本を読むのか。どれだけ本を読むのか。まったく読まないというお客さんも多い。そして、苦手な作家やジャンルも聞く。地雷だけは踏みたくない。今日の気分はどんな本ですか、と次には聞いている。これでは問診みたいだ。それを元に、お客さんと本棚をめぐる。あまり媚びすぎず、かつちょうどいい値段のもの。気づけば数冊選んでいる。お客さんもおすすめから一冊と、自分で選んだものを一冊。なんだ、欲しい本あるんじゃないかと笑ってしまう。

友人の紹介で来たお客さんは四国遍路の途中に尾道に立ち寄った。ゆっくりと言葉を選び喋る、繊細な感情が眼鏡の奥から感じられる、少年のような人だった。彼が、何かおすすめをと話したので、春陽堂の種田山頭火日記をおすすめした。旅の途中ということで、安直な選書だったかもしれないが、彼なら絶対好きだろうと思った。ちらっと読んで、これ買いますと。よくよく見れば、彼の刈り上げた頭や顔は山頭火に瓜二つだ。

一、自分に媚びるな
一、足らざるに足りてあれ
一、現実を活かせ
いつもうまい酒を飲むべし、うまい酒は多くとも三合を超ゆるものにあらず、
自他共に喜ぶなり

種田山頭火『行乞記』より「自戒三条」

こんなこともあった。うだるような夏の日だったか、一組のカップルが来店した。なんというか今時風の二人。本の触り方も、ふーんという感で あまり本腰いれて探している訳ではなさそうだ。なんやかんやと喋っていて、こちらもだんだん機嫌が悪くなってくる。すると棚にあった中原中也を指して「たしか、虎になる話書いた人だよね」と言っている。耐えられなくなり「それは中島敦です。中原中也は詩人です」と

口に出ていた、あからさまに不機嫌だった。そのあとも喧嘩腰でまくしたてるように喋ってしまう。こうなってしまうと一種の芸のようになる。二人も最初は煙たそうにしていたが、だんだん口元が緩む。男の子のほうが、番台上にあった漫画セットコーナーを見ながら「『おやすみプンプン』、読んだことないんよな」と漏らした。すると僕はすかさず「『おやすみプンプン』なんてくだらないですよ。僕は大学最後の夏休みをこれで台無しにしました」といかに、この漫画がくだらないかを感情たっぷりに説明する。すると、彼の手はみるみる財布に伸びていき、しまいには「買います！」とぽーんと売れていった。彼女のほうは笑っていた。（今では大切な常連さんです。あの時はすみませんでした）

これでは、おすすめというより押し売り、啖呵売に近い。が、絶妙なタイミングで声をかけて、手にした本のいいところ、悪いところを喋るとなぜか喜ばれる。古本屋は喋らない商売だと思っていたら、存外そうでもなかった。少なくとも僕の店は、一日中喋って、聞いて、怒って、笑い、本を売る。

本の本分と性分

お客さんで絵本を探しているひとは少なくない。ある特定の作家、タイトルのものが明確に決まっていたりする。子どもの時に読んだものを、もう一度読んでみたくなる気持ちはよくわかる。ただ、本のタイトルをまったく覚えていなかったりすると、漠然としたストーリーや表紙に何色を使っていたかを手掛かりにして探すことになる。古本の迷宮に迷いはじめる。一緒になって探しているうち、こんな絵本もあったなとお客さんと懐かしがっている。

僕が好きだったのは『そらまめくんのベッド』と「14ひきのシリーズ」だった。そらまめくんのお気に入りのベッド。自分のものを大事にし過ぎるあまり、誰にも渡したくない、独り占めしたいと思う。そらまめくんのそんな気持ちが痛いほどわかった。

当時、持っていた亀のぬいぐるみだったかブランケットが、僕にとってのベッドのような存在だった。14ひきシリーズは、小さく描かれた家族の暮らしを眺めながら、僕もこういう暮らしをしてみたいなと憧れていた。お父さんネズミが子どもたちを見守る姿に、不思議と僕自身をも守っていてくれるような気がしていた。

お客さんからの古本買取で絵本がやってくると、たいていの場合ぼろぼろに頁が割れ、謎のキャラクターの落書きや裏表紙に持主の名前が（おそらく親が書いたものだろう）消えないようにマジックで強く書かれていたりする。これでは商品としては取り扱いにくいが、その絵本が持ち主にとことんまで愛された証のようで「よく頑張った」と撫でたくなる。大事に扱われた本が幸福であるように、己が本であることを忘れるほどにくたびれた本もまた、幸福であるような気がする。

とあるお宅に古本買取に伺った時、その蔵書量に圧倒された。お電話をしてくれた娘さん曰く、すべて今は亡きお父様が買い集めたものだそうだ。哲学、思想書が多く古本屋業としても嬉しいラインナップだった。いざ査定にかかろうと腕まくりして頁をめくると、何枚もの新聞の切り抜きが挟みこまれている。見てみれば、本と関連した記事やその作家のコラムであったりする。さらには、頁の端が何頁にもわたって折られているものが少なくない。娘さんのお母様、つまりには持主の奥様に話を聞けば「主人は読むために本を買っていた人だったので」とのこと。それはその通りだが、並大抵の読書家ではなかったことが、本から伝わってくる。鶴見俊輔氏とも交流があったそうで、氏からの手紙が挟まっている。手元に残すものを一つずつ確認しながら、「そうか、読書を突き詰めれば、本はこのような姿になるのか」と思った。一頁、一頁に主の時間は折られ、鉛筆の線引きで体温は刻まれる。本はより、重くなる。

最近始めた通信販売で本の状態を表す時、「美本」と表記するかどうか迷うことが多い。それは、ただ新品に近い状態や、汚れの少ないことを表しているにすぎない気もしている。本には本の、在り方としての美しさもあるのではないか。元の持主が焼けないように本に巻いたブックカバーを剥ぐたびに、その人の皮膚まで剥いでいるような気持ちになったこともあった。もちろん、僕も商売であるので淡々粛々と古本の山をさばかなくては仕事として店をこなせないが、そればかりだと味気ない。薄くパラフィンのかかった古い岩波文庫など、見ようによっては琥珀色の輝きをもっている。古本屋では忌み嫌われる文学全集（個人全集ではなく、日本文学全集などの類。かつては各家庭に一セットはあったようで、度々出会うものの、殆ど値段がつかない）も、しかと見つめれば装丁が恐ろしいほどに凝っている。函に収められているのは宝石ではなく、言葉だ。

専門特化した品揃えではなく、あくまで町の古本屋として店を構えていると、本と共にその人の人生までもが四方八方からやってくる。僕はその本の誇り（埃）にまみれながら、次の人生へと繋ぎ、明日の自分の酒へ繋ぐ。

お通しに文庫本、デザートに朝を

店名を決める時、冠を「古本屋」にするか「古書」とするか悩んだ。「書肆」というにはいささか間抜けな自分である。苗字に書店とつけて「〇〇書店」というのは硬派でかっこいい気もしたが、少し愛嬌がないかもしれない。「文庫」というのは、口がごもごもしそうだとあれこれと悩んだ結果、「古本屋弐拾dB」というので落ち着いた。古書店ではなく古本屋。あくまで、町の商店のような店になれたらいいと思っていた。

外看板にも「古本屋」と書いている。看板を見て、店内に本が並んでいれば、誰もが古本屋だと思うだろうと疑いもしなかった。が、実際にはそうでなかった。平日の開店時間が深夜であるため致し方ないことではあるけれど、呑み屋と間違えられることが度々ある。スーツ姿の男性が二人連れだってやってきて「二人いける?」と聞いてくる。僕は最初、訳も分からず「はい、入れますよ」と答えてしまう。男性たちもおもむろに椅子に腰掛けるが、ここが呑み屋ではないことに気づいたのか申し訳程度に本に触れて帰っていく。お通しに文庫本を出すべきだったか。

昼間の営業では本当に多くのお客さんに「ここは本を借りるところですか?それともここで読んで帰る場所ですか?」と聞かれる。看板に古本屋と書いているにも関わらず、なぜか本を買う店とは思われていない。ここを貸本屋（もう絶滅したはずなのだが）か私設図書館か何かと勘違いされてしまっている。たしかに、店内には椅子やソファなどを幾つか用意してしまっているので、そう思われても仕方ないのかなとひとりごちる。もともとは開店当初、本の在庫が少ないのをごまかすため、物件に残されていた椅子や拾ってきたものを置いただけの話なのだが。

深夜に来る酔客と喧嘩のようになることもある。尾道で久しぶりに集まった同級生らしき男性三人組。二〇年前に東京に移り住んだという。地元に帰省したついでに、僕のような若い店を捕まえて「昔の尾道はこうじゃなかった」と言う。久しぶりに見た尾道の街の変わりようにたまらなくなったのだろう。気持ちは分かる。分かるがしかし、それを二十も歳の離れた若造に絡みながら言うのは恥ずかしくないのか。彼の言葉に噛みつき、売られた喧嘩をまんまと買う。「あなたが生きた二十年分の尾道と、僕の五年分の尾道を天秤にかけてどちらが重いかなんて測れないじゃないですか」と返すと「え？　五年もやってるの？」と驚かれる。たしかによくもまあ続いている店だなと自分でさえ思ってしまう。すると、僕の知り合い客が男性の後ろのほうで、「締め出そうか？」とジェスチャーで伝えてきた。なんとまぁ恐ろしい店だろうか。

店を始めて驚いたのは、そもそも古本屋に行ったことがないというお客さんの多さだった。「初めて古本屋で本を買いました」と言ってもらえたりすると、店主冥利につきるのだが、初めてがうちでよかったのだろうかと心配になる。本の扱い方や、店内でのマナーのような部分も口頭で伝える。本を雑に扱われると、もちろんこちらも不機嫌になってしまうが、何が雑かどうかというのを知る機会が今までなかっただけなのかもしれない。最近では写真だけ撮って帰る人も少なくない。店に入るなり、開口一番「写真撮っていいですか？」と聞かれてしまうと少し困る。はるばる店に来てくれる方もいるし、記念や思い出に撮りたくなる気持ちは分かる。でも、順番が違うと思う。写真よりもまず、棚を見て欲しい。欲しい本がなくとも、どんな本があるかは一度店内をぐるりとみて、そのあとに声をかけてもらった方がありがたい。それも、店内に他のお客さんがいれば気を遣って欲しい。撮影不可というルールを作りたくはない。お互いに気遣いあいながら、その時の正解を見つけたい。

嬉しいことも沢山ある。町に暮らす大学生が「今日バイト代入ったので」と本の山を抱えて番台まで持ってきたこと。自転車旅で立ち寄ったお兄さんがいつの間にか移住し、「初任給もらったので」と日焼けした顔で本を買いにきたこと。引っ越しでこの町から離れる女性が「吉本ばななは卒業しようと思って」と深夜、売りにきたこと。奥さんと喧嘩しちゃってと、うなだれた男性と初めてゆっくりと話したこと。結婚したらなかなか夜には来れないからと、初めてその人の人生を聞いたこと。そういう誰かの人生の瞬間に立ち会うたび、古本屋という冠にして良かったと思う。売っているのは本のはずなのに、僕の手元にはなぜか沢山の誰かとの時間が残っている。

僕は中原中也

高校生の頃、中原中也に心酔した。僕にとっての詩人の姿は彼によって始まったと言っても過言ではない。中原中也に惚れていた。それは一目惚れだった。

高校一年生の夏休みの直前、好きになった女の子に思い切って告白をしたものの、翌日メールにてあっけなく振られてしまった。夏休みの初日だった。僕は彼女からのメールの文言を何度も見返し、その淡泊さに溜息をつきながら自転車に乗って本屋へと走った。買う本は決めていた。太宰治の『人間失格』。大学生だった兄からお勧めされていた本だった。こういう日に読もうと決めていた。新潮文庫の陰鬱な表紙。家に帰って、さっそく祖母の部屋で読み始めた。部屋は緩くエアコンが効き、祖母はベッドに横になっていた。この時のことは今でもよく覚えている。あっという間に読み終えた僕は、思わず天井を見上げた。悲劇の話のように見せて喜劇でもあり、くすりと笑ってしまう。そして何より自分ただひとりに語りかけてくれているような感覚に落ちる。これは僕の物語だと思わされる。ただもう面白い。これだと思った。僕は文学だ、と。失恋をきっかけに、僕の文学青年時代は始まった。

太宰を知った僕は彼と近しい文学者を探して中也に行きついた。太宰から中也へ。国語便覧だったか、あの特徴的な中也の写真に強く惹かれた。詩人という生き方に心のどこかで憧れがあったのかもしれない。親に買ってもらった岩波文庫の中原中也詩集が当時の僕にとってのバイブルだった。

トタンがセンベイ食べて
春の日の夕暮は穏かです
アンダースローされた灰が蒼ざめて
春の日の夕暮は静かです

「春の日の夕暮」より

彼の第一詩集『山羊の歌』の最初に収められた詩。ぱっと読んで理解しにくいのに、その情景が自然と自分のなかで浮かんでくる。声に出して読みたくなる。学校の帰り道、夕日に染まる町を見ながら、思わず一節を口ずさむ。

愛するものが死んだ時には、
自殺しなけあなりません。

愛するものが死んだ時には、
それより他に、方法がない。

「春日狂想」より

息子、文也を亡くして書かれた詩「春日狂想」をはじめとして、中也の作品には死を歌ったものが多くある。「死別の翌日」「また来ん春」など、僕は読みながら訳も分からず涙を流していた。ただ悲しいというよりも、悲しみのなかに激しさがあり、そこにおどけたような壊れた明るさがある。担任の国語教師に中原中也が好きだと話すと、「ダダイズムかぁ……」と苦笑いされてしまった。当時、僕は七、八〇年代のパンクロックにはまりかけていた時期だったので、ダダイズムとの相性はよかった。虚無と破壊。中也のダダ詩を読んで、高橋新吉を知り、萩原恭次郎を知った。詩はかっこいいものだと思った。

中原中也に憑りつかれたようにのめりこんだ僕は、彼と長谷川泰子、小林秀雄との三角関係や喧嘩早い彼の生き方にも興味を持った。彼の人生そのものが詩だった。いつしか、空で詩を朗読するようになった僕は、自分自身が中原中也になった気分でいた。詩人になりたいと思った。というより、中原中也になりたかった。いつしか書きはじめた自作の詩はどれも中也節。オリジナルのつもりで書いてはいるものの、それは言葉のコスプレに近かった。「大学に行くなら、文学部に行こう。文学部に行って中原中也の詩の研究をしよう」と思った。中原中也にしては優等生な目標だった。

本を買う理由、方便、言い訳。

「本を売って、お前さん何を買うんだい？」

「そりゃあ本だろ」

「じゃあ、最初から本売らなきゃいいじゃないかい」

「そういう訳にはいかないだろ、酒だって飲みたいし」

「だったら酒を売りゃいいじゃないかい」

「どうしてだよ、金を欲しいから金を売るのかい、訳わかんないよ」


そんな古本屋店主の旦那とおっかさんの会話を妄想する。元々本が好きではじめたような商売なので、本を売って稼いだお金でまた本を買っている。知り合いの古本屋でビアスの『悪魔の辞典』を買った数週間後にはまったく同じ本に出張買取で出会う。

こうなるのだったら買わなきゃよかったかなと思いつつも不思議な縁にほくそ笑む。酒を飲み、本を買い、飯を食う。それ以外にお金の使い道がほとんどない。服はめったに買わず、買ったとしてもファストファッションで済ましてしまう。ネットショップで買物することがないので、クレジットカードも持っていなかった。(去年の春にやっと作った)

お客さんからツイッターにメッセージを頂く。「日本の古本屋に港野喜代子さんの『凍り絵』という詩集がでています。貴重な本であの値段だとなかなか安いと思いますのでよかったら」と。ここまで言われてしまうと注文しない訳にはいかない。港野喜代子、兵庫県生まれの日本未来派の同人。大阪文学学校の講師も務めた方だったそうだ。彼女の詩との初めての出会いは尾道での仕入だった。『魚のことば』という版画絵が表紙の小さな詩集。手にのせると妙な心地よさがある。読む前からどきどきする温度感を持っている。

今借りて来たばかりの紙幣《おさつ》に
せめて星がすかしを入れて

霧が脱脂をしてくれるまでは家へ入るまいと
わたしは家の前の畑の暗がりに立っていました

小さいのが「お母ちゃんは?」
大きいのが「帰るに決まっている」
安心し切って灯りの穴んこに浮んでいる子供達

わたしは、天の灯りでもう一度紙幣をかぞへて
家の灯りへ入りました

港野喜代子「紙幣」

天の灯りを受けた紙幣を持った母は、家の灯りへと帰ってゆく。ほんの一瞬の出来事が詩の世界で永遠となっている。あっという間に虜になってしまった。また、その本には著者直筆のサインと共に小さな詩がひとつ書かれていた。

両手でかばいたい
小鳥よ
霧の時間だ
今日を無事にくれてゆけ

注文した『凍り絵』も言わずもがな素晴らしい一冊だった。かつて生きた詩人の声が未来から届くような瞬間に出会うと、たまらなく幸せな気持ちになる。

同じ本を何冊も買っているお客さんもいる。尾道で絵描きをしている友人客の一人は安部公房の『砂の女』の文庫を買っては、布教活動として出会った人に無料で配っているという。またあるお客さんは各国さまざまな翻訳の『星の王子さま』を買い集めている。多言語を喋れるような人には見えない。が、そのコレクションを見せてもらったとき、物体としての本の魅力に改めて気づかされる。かく言う自分も好きな本は何冊も買ってしまうタチだ。

僕の地元、福山を生きた詩人木下夕爾。彼の処女詩集『田舎の食卓』は今や高額な値段で取引されており、おいそれと買うことができない。福山の古本屋がかつて出版した復刻版があるが、こちらも絶版。数千円はするので、気軽に買うことはできない。店に立ち寄っては、帳場裏の一番高いところにある『田舎の食卓』を取ってもらう。しげしげ間近で眺めては帰る。六〇〇〇円か、買えないこともない。けれど、もっと安く販売しているところもあるのではないか。それだけのお金があれば、二回ほど飲みにいけるだろう。出版した当の古本屋が定価よりも高値で販売しているのがうらめしい。そんな思いをめぐらし続けたある日、店の近所で呑んだ勢いで買ってしまった。店の主人は赤ら顔の僕を苦笑い気味に見ていたかもしれない。

厚ぼつたい本を閉ぢるやうに夏が終つた
宿題を終へた中學生のやうに
僕らはもう思ひ出さないだらう
地の果に消えた

幾何學的な線をもつた雲の連なりを・・・・
僕らの手にあるのは
乾からびた美しい昆蟲の死骸ばかりだ

木下夕爾「秋のほとり Fragments」

ついに手に入れた詩集の頁をめくると、そこには季節の色があった。寂しい青年の横顔を通る風があった。本を持つ手が震える。木下夕爾は文学者の夢を持って上京したものの、家業の薬局を継ぐため故郷の福山に帰った。それから生涯、町を出ることはなく詩や俳句を書き続けた。もしかしたら僕は、京都の大学を卒業し尾道にやってきた自分と木下夕爾を重ね合わせてみているのかもしれない。井伏鱒二が疎開で福山に帰ってきた時に撮られた、記念写真。一緒に写る夕爾の顔を眺めては、たまらない思いになる。彼は詩人であり、ひとりの文学青年だった。

それからというものの、木下夕爾関連の書籍で手に入りそうなものはすぐさま買い求めた。『田舎の食卓』もついこの間、二冊目を買ってしまった。これは必要経費だと言い聞かせている。

四人の花

実家の庭には兄弟四人それぞれの木が植えられている。七歳上の姉は桜、六歳上の兄は栗、僕はさくらんぼの木、妹は夏蝋梅。今は亡き祖父が僕たちのために植えたものだ。女性は花を、男は実のなるものをという趣向らしい。姉の桜は日当たりの関係なのか、毎年咲くのが少し遅い。ああ、もう春なのかと慌てて後を追いかけるように咲く。姉自身もそのことを苦笑いしながらも受け入れている。彼女らしい桜だと思う。兄の栗はまだ青いうちからぼこぼこと実を落とし、庭の草むしりや掃除のときに間違えて触れて痛い思いをした。栗の花は独特の匂いを放つ。その匂いは男性のあれの匂いによく似ている。僕にすれば、アレの匂いは栗の花に似ているという順番だったが。

高校生時代、僕の文学の水先案内人は兄だった。『ノルウェイの森』は大学生になったら読みな」「『こころ』はちょっとBLぽいんよ」と軽い調子で話してくれた。失恋した時に太宰治『人間失格』を読んだのも兄の影響だった。日本文学の取っ掛りを作ってくれたのが兄だった。

兄がまだ実家で暮らしていた頃、部屋には誰も容易に入ることはできず、普段は襖の向こうをめがけて声をかけるのみだった。時々、入ることを許されると妹と恐れつつもわくわくしながら部屋じゅうを眺める。天井の近いところにＸ　ＪＡＰＡＮのｈｉｄｅの切り抜きが額に飾られていた。隅にはエアーガンのライフルと木刀。雑貨屋ブルドッグで買ってきたよくわからない置物、その隙間にあった『キノの旅』シリーズと太宰治の文庫本、大量に積まれたゲーム雑誌。そこは兄の秘密基地のようだった。

兄は作品に影響される人だった。「ハウルの動く城」を観たその日の晩、食卓で兄は手を厳かに組み、「うまし糧を」と言い始めた。ハウルのつもりらしい。大食い早食い選手権の番組を見れば家でさっそく真似をして、ペットボトルの一気飲みをした。映画「ピンポン」を見て素直に卓球部へ入り、一ヵ月もしないうちに退部した。ギタリストのｈｉｄｅの真似をして、ビーカーをコップ代わりにして麦茶を飲んでいた。一緒に暮していて愉快な人だった。

庭を見渡せば、祖父と祖母が植えたありとあらゆる植物が季節ごとに花をつける。

水仙、椿、花水木、ツツジ、紫陽花に芙蓉。金木犀に彼岸花。山茶花は兄弟の木登りでいじめぬかれ、兄と姉は双方の悪口を木に彫りこんだ。僕は不得意だったので、登ることも悪口を彫ることもなく大人になってしまった。

姉の後ろ姿を時々思い出す。受験勉強のため、毎日机にかじりついていた姉の後ろ姿。僕は妹を引き連れて、襖を開けては様子を伺った。姉はひたすら背中で答えた。僕は子どもながらに姉の焦りのようなものを感じとった。彼女の目の前にある窓は結露で白く曇っていた。

小学生のとき、読書感想文の課題で本選びに困った僕は姉におすすめの本を聞いたことがあった。彼女がおすすめしたのは『霧のむこうの不思議な町』。彼女のお気に入りの一冊だった。一生懸命この本の面白さを語ってくれたにも関わらず、最初の数頁で挫折してしまった。僕は霧の向こうには行けなかった。彼女は無事、霧のむこうの地方大学に滑り込みで合格した。引っ越しも慌ただしく、入学式の直前となった。姉の桜は控えめに咲いていた。

夏の朝はラジオ体操の匂いがする。と言ったのは友人だったかお客さんだったか。

小学生の夏休み初日、妹とはりきってラジオ体操にでる。近所の吹きさらしの駐車場。待てど暮らせど、近所の子どもも大人たちも来ない。今日は開始時間が違ったのかなと朝を佇む。ぼんやり空に残る月を見上げる。実はラジオ体操は翌日からだった。そんなことも知らずに二人で夏の匂いを嗅いでいた。あれがラジオ体操の匂いだったか。

妹が生まれた時に祖父はすでに他界していた。妹の木だけ父が買ってきたものだ。普通の蝋梅と夏蝋梅を間違えて買ったもので、妹はそれを小さな頃から嫌がった。夏に咲く花は黒く地味だが、僕はこの木が好きだ。秋になると見事に黄色く紅葉する。それは静に華やかだ。そういう人生もあると思う。咲くばかりが花ではないと教えてくれる。

新しい友と懐かしい友

古本仕入の帰り道はいつもどこか寂しい。三万円で買った三菱のミニカにぱんぱんに積んだ本が僕のうしろで揺れる。良い本を沢山仕入れたときは心底嬉しいはずなのに、喜びよりも寂しさが勝っている。なんとはなしに気持ちをかき消すようにカーステレオの音楽にあわせて大声で歌っている。理由は分からない。

組合の市会終わりや、お客さんからの持込みなどが重なると、たちまち店内は整理しきれない段ボールや本の束で溢れかえる。深夜の開店までにどうにか通路だけ確保しておく。お客さんのなかには、そのまだ整理しきれていない本の山から物色する人もいる。「この本はいくらですか？」と聞かれれば、即答できなければ格好もつかない。本心を言えば、ネットをたたいて値段を確認しておきたいのだけれど。無難な値段を言ってあとで後悔することもまま起こる。

あえて、棚に陳列せずに雑然と本の山に重ねたままにすることもある。常連さんの本探しの傾向をみつつ、このあたりに置いておけば反応があるだろうと本を置く。「木村伊兵衛全集」全四巻を市で仕入れたときには、買いそうなお客さんの顔がすでに何人か浮かんでいた。おそらく今日あたりに来るだろうと思っていると、まさしくやってきた。棚を一巡したあとに、全集に手が伸びている。あっという間に売れていった。店をしていてたまらなく嬉しい瞬間だ。

古い料理本の面白さに気づかせてくれたのはお客さんだった。開店当初、空き家の片づけでやってきた七〇―八〇年代の料理本。自分からすれば、写真の写りも鮮明ではなく、レシピも読みづらい。こういった本を誰が買うのか謎だった。

とある深夜、東京から来たお客さんが、その料理本を大事そうに抱えて番台まで持ってきた。彼女は幼い頃、都心の団地に暮していたという。部屋の隅で、母親の料理本を眺めるのが好きだった。写っている料理が食卓に並ぶことはなかったが、頁に並ぶ豪勢な洋風料理は彼女を未知の異国へと誘った。そうして今、彼女が抱えているのがその本だという。たしかに頁をめくってみると、テーブルに広がる食器や料理は童話のように煌びやかで、はしゃぎ気味な夢に溢れている。

松下電器が電子レンジ「エレック」を発売したのと同時に作られた『エレック料理』というレシピ本には、電子レンジを使うことが「エレックする」と表記されている。（今ではチンするが一般的なので、あまり流行らなかったのだろう）最近では、SNS映えを意識した紙面づくりの料理本が主流だろうか。料理本はその時代を色濃く反映している。

ひろしま美術館でアーノルド・ローベルの展示があると聞き、いち早く新刊で「がまくんとかえるくん」シリーズを注文した。直取引で三〇冊以上の注文だったので、気合の入った入荷となった。古本でも流通はしているが、こうした名作は新刊のほうが真っ新なシャツのようで気持ちがいい。店に来たお客さんは懐かしいと口々に言う。親子連れで店に来ては一冊ずつ買っていく。親には懐かしい友でも、小さな子どもには新しい友だろう。懐かしさは新しさでもある。大人になったとき、また子に同じ本を買い与えていく未来を想像する。

古本はもとはと言えば、誰かの私物だったのだ。当然のことではあるけれど、それを仕入れては商品としてまた別の主へと届ける。車の後部座席で積まれた大量の本は一冊、一冊に誰かの体温が微熱として残っている。そんな本の温度に触れ続けていると、魂が少しずつ削られていくのかもしれない。あるいは、仕入れすぎた本の整理に気後れしているだけか。

生き残ってしまった

夜になると町はとても静かだ。いつもは酔客待ちのタクシーの行列が並んでいた通りに、今は一台もない。目の前にあるコンビニ「ポプラ」の赤い看板だけが煌々と光っている。こんな夜でもお客さんは来るのだろうか、と開けている自分でさえ思ってしまう。二十三時にいつも通りに開店。すると、多くはないがひとりふたりとお客さんがやってくる。なんだか奇跡のように思う。ほんとうに思う。

八月は毎年、定休日をなくし無休営業をしている。かれこれ四年くらいか。最初のきっかけは、その年の七月売上が悪く、ならば毎日営業したらどうかと勢いではじめたものだった。あの頃は掛け持ちのバイトもやりつつだったので、四六時中何かしら働いていることになる。阿保やなぁと思いながらも、次の年も、その次も続けていくうちに八月は毎日開けていないと落ち着かない体になってしまった。

店を始めたからには、なるべく多く開けていたいと思った。センスも才能もお金もない自分にできることは、ただ毎日開け続けることだけだった。せめて、それだけはできると思った。

今年の八月もいつもながらに毎日営業をしようと思って始めたものの、異例の長雨とコロナに振りこめられた。二週間近く雨が降り続けた。真夜中に降る雨は西日本豪雨を彷彿とさせる。そういえば、無休営業をはじめた年は豪雨災害の年だったか。

雨があがったと思ったら、今度はコロナの拡がりで、二度目の緊急事態宣言となってしまった。呑み屋は軒並み休業。昼の飲食店も閉めるところも多く、いよいよ町は暗く静かになった。静かな戦争だと思った。見えない何かと戦っている。それは未知のウィルスと、というよりも人が人たらしめるための何かを試されているような、そんな戦いだ。

僕の店は休業対象ではないため、開け続けるしかない。明日の酒のため、飯のため、本を売らなきゃならない。幸いなことに、客足は減ったものの、町に暮らすお客さんに足繁く通っていただいた。常連のおじいさんに「ここはいい本がたくさんありますね。図書館よりもいいです。」と言ってもらうと、泣きそうになるほど嬉しい。なんとなく常連の何人かの顔を思い浮かべながら、本の紹介をツイッターに投稿すると、一分しないうちに取り置きの連絡がくる。深夜でも日中でも。みんなはいつ寝ているのか。

八月の無休営業中に、もうひとつの企画をたてている。毎晩、閉店後に詩の朗読をしてはインスタグラムに投稿する。朝起きたら、それを消す。「深夜の朗読」と銘打って、八月の年中行事と化してしまった。なるべく季節、時候にもあわせつつ、あまり詩に馴染みない方にもいろんな詩人を知ってもらう機会になればと続けている。睡眠時間がみるみると削られていくので無休営業とあわせて、良い感じに体力が奪われていく。そういう時の朗読こそ、詩のもつ温度感に近づけられる気がしている。

店を毎日開けながら、たびたびツイッターを眺める。さまざまな言葉が溢れている。生活の悲痛さを語るもの、コロナ関係なく日常の余暇の楽しみを書くもの、うんざりするようなニュース、政府の発表、オリンピックの感動の言葉、新刊のお知らせ、今日の古本の入荷。そんな言葉のあれこれがないまぜに画面の向こうを流れている。おかしいよと思うことが沢山ある。間違っていると思うことがある。僕に今日できることは、本を並べて売ることだけなのだろうか。毎日、何かに負けたような思いで、もうこの世にはいない詩人が残した本を開いては、声にだして読んでいる。

人間はいないのですか
思いは繋らないのですか
世の中はこのままでよいのですか
私に投げて下さるのは
空瓶、空缶だけですか

港野喜代子「街角の詩展」より（私に投げて下さるのは）

静かな町でひとり深夜店を開けていると、「生き残ってしまった」とふと口についで言いたくなる。見えない爆撃と、見えない銃撃戦。静かな、静かな戦場だ。僕は夜に隠れるように店を開けている。せめて誰かの防空壕になれたのなら。生き残ったのならば。

hi-lite
FILTER CIGARETTES

なんでも
日本事典
大佛次郎
吉屋信子
南への道

尾道本通
危険

家賃 30(金)まで
に入れて下さい!
金・土に友人が
とまります、たぶん
いってきます。

二〇二一年

I

四月七日（水）　春晴れ（ラジオからお笑い芸人のオズワルドがゲスト出演。嬉しかった）

月一の市会終わりに芸備書房さんと、いつもの定食屋へ（倉庫街の会社員で満席だ。服装も違う年の離れた関係性が謎な僕たち二人は周りからどううつるのだろう）。芸備書房さんは広島古書組合の先輩古書店さんで、時々、僕の店にも遊びに来てくれる。

日替わり定食を食べて、僕は外で一服しながら芸備さんに聞いてみる。

「自分が死んだあと、店はどうなるかと心配になったりしませんか？」

いつもながらに、にこにこして「ならない」と。「それはほら、誰かに継いでもらうか、組合のみんなでね、買ってもらったりしてね」。

高速か、下道かで迷って、結局下道でとことこ帰ることを選ぶ。天気もいいし、少しゆっくり帰りたい。お金を節約したい訳ではない。

桜がもう散ってしまって葉桜になっている。それでも、出遅れたように満開の桜が一本あったりすると嬉しくなった。

信号待ち。していると、目の前を小学生とフォーマルスーツのお母さん。少しあとから、ランドセルを手にしたお父さん。そうか、今日は入学式か。白い制服を着た小さな兵士は誇らしげに晴れやかだ。お母さんが手をあげて渡るのよっとジェスチャーで伝えている。昔の僕もそんな日があったのだろうか。

ラジオをかけながら帰っていると、なぜだか泣きたくなった。仕入れ帰りはいつもそうだ。なぜか訳も分からず泣きそうになってしまう。

「嘘ではなかった」

と誰に対すると弁明なのか分からない言葉が繰り返し繰り返される。

本を沢山仕入れた代償なのだろうか。

僕はいったいいつまで生きるつもりで、こんなに沢山本を仕入れているのか。

「嘘ではなかった」

今度は口に出してみる。嘘くさい声だった。

遠くの山はまた青く初夏になろうとしている。

四月八日（木）　晴れ時折雨（作業用にかけていた問わず語りの神田伯山が妹には不評だった模様）

妹に手伝ってもらいながら昨日仕入れた古本の値付と整理。一人だとどうにもやる気が出ない。妹がたくさんの図録を眺めながら「これ、誰かが定価で買ったんよねぇ」と言う。

「こんなにいっぱい持ってた人、亡くなっちゃったんじゃないん？」と聞かれ、「まぁそういうこともあるよ。そんな人の本を買って売るのが仕事よ。死者の本を売って生きとるんよ。」と返した。思わず出た言葉だったが、まさしくその通りだと気づかされる。

「僕は死者の本を売って生きている」

僕の本を誰が売って生きるのか、と。

できるなら、いい古本屋に売って欲しいと思うのは業が深いか。

夕暮れに強めの雨が、トタンを打つ音。

四月十三日（火）　雨のち曇り

昨夜の取材のことを思い出している。

「店を続けていくモチベーションはなんですか?」と聞かれて少し困った。モチベーションということを考えてもこなかった。

ただ、店を続けていくことが当たり前のように思っていたから。僕にはこれしかない、これしかできないからやめる理由はない。ただ、これしかない。他にできることはないから。お客さんに生かされているのだから、やめるわけにはいかない。

お客さんから買い取った漫画『徘徊先生』がとても良かった。

「死んではいけません。生き残ったということは、その人との思い出も生き残ったということです」

常連さんであり、いつも店のことを応援してくださった方が今年の三月に亡くなった。ガンだった。闘病の末の突然の連絡だった。その時僕は妹と二人で三原を散歩して、駅で帰りの電車を待っているところだった。

あの人の好みの本は今でもわかる。

古い少女漫画を懐かしがって買っていた。尾道関連の面白いものがあれば、すかさず見つけた。他県からくる友人をよく案内してくれた。僕の写真をパソコンの壁紙に使っていた、僕公認のストーカーだった（もちろんいい意味で）。

入院中に、彼女の幼馴染の方がいらして僕の選書で本を差し入れしたいと言ってくださった。

「みんなが差し入れする本が、みんな空元気みたいなものばかりだから、もっと普通の本をあげたいの」

その気持ちは痛いほどわかった。けれど僕なんかが選んでいいのかと不安にもなる。ご友人と相談しながら、選ぶ。たぶん、あの方は牧野富太郎の本は好きだろうと一冊、スタンダードブックス『なぜ花は匂うか』を混ぜた。

後日、彼女からお礼のメッセージが届いた。

「牧野富太郎、ドンピシャです。好きっていいましたかねぇ。愛ですかねぇ」。

あなたの好きな本なら、僕は分かります。と目の前で言いたかった。

亡くなった報せを聞いた夜、幼馴染の方からお電話をいただく。声が揺れている。本当に喜んでいた、と。その言葉を聞いた瞬間、目頭が熱くなったけれど泣くのは我慢した。闘病中はずっと体が痛かったのだという話をそのあと聞く。では、あの本もなかなか読めなかったのではないか。

お葬式の日は店の営業日だった。休むのは、きっと違うと思い、弔電を送る。人生初めての弔電だった。コールセンターの方にメッセージをどうするかと聞かれ、戸惑いながらもぽつぽつと伝える。「あなたのお陰で僕のような店が続けてこれました。これからも、あなたに喜んでもらえるような阿呆な古本屋を続けていこうと思います」言い終わったあと、無礼にも最後の言葉を伝えられた気がして、少しだけ心が落ち着いた。

僕にはこれしかない。

僕が売っているものは本であり、誰かの呼吸だ。その声で生かされているのだから、やめるわけにはいかない。

五月二十四日（月）　雨のち曇り。

肌寒い夜の月の色がよかった。

今日はお客さんが一日通して、一人。

売上にして千二百円。これではあかんでないか。

さすがに暗い気持ちになってくる。

文庫本の棚がすかすかになってきたので、本の並び替えなど、ここぞとばかり整理をする。

入り口すぐ近くの文庫のところは、若い人が好きそうな作家や、すすっと売れてしまってほしい本を置く。百円でも高い気がする本もそれなりに売れていく。同じ作家のものでも、なるべく色をそろえて（出版社別にして）並べていくと見栄えが綺麗になる。例えば、村上春樹の文庫は、新潮だと青背だが、講談社だと黄色い背。それをそろえるだけでも印象が違う。あとは栞紐はすべて頁の中に入れて。

眠る前に自分と同年代が開いた独立書店のＳＮＳを眺める。本棚が乱れていて見ていると心がそわそわといらついてしまう。

今すぐそこに行って本をそろえ直したい。こんなのが人気の店なのか?と自分の負の感情にも辟易する。自分の店の売上があれば、こんなこと気にするはずはない。いつかお客さんが店主と僕の顔が似ていると言っていたのを思い出した。こんなのと一緒にしないでくれ。僕の店のほうが色男だ。

五月二十五日（火） 曇りのち晴れ。

無性にモスバーガーが食べたくなって、久しぶりに買って食べた日。

日中、ミリバールに来た常連の女の子が「明るい詩集はありませんか」と聞いてきた。

明るいと言われて、太陽さんさん向日葵みたいなのはないなぁと返す。そもそも、詩集に明るい暗いが当てはまるかどうかという疑問も残る。詩集ではないが吉野弘『詩の一歩手前で』工藤直子『まるごと好きです』をおすすめする。明るい詩とはなんだろうか。

深夜開けて、商店街の提灯屋のお兄さんが来店、持ち回りで林芙美子のあじさい忌のリーダーになったとのこと。それまでちゃんと読んでこなかったが、林芙美子の詩を読み、かっこいい人なんだと思ったと話す。僕もすかさず、彼女の復刻詩集を出版したい話を伝え、林芙美子『生活詩集』を見せる。詩集独特の行間の広さは、余白というより余裕のようなものがある。

文字のデザイン（おそらく活字のこと）がいいですねぇ、と喜んでもらえる。

夜になるといきいきした私が
頃日鏡も忘れ果て
夜はあくびまじりで
古びた本を読むやうになつた。

林芙美子「習慣」より

常連のアランさん（町に暮らす、お兄さん的おじさん。プラモデルのジオラマを作る。アランはプラモデルメーカーから取られた、本人発案のモデラー名）来店。

役所で働いていて、連日の忙しさからか、今日も幾分疲れてみえる。文庫、キュリー夫人を買う。店のサイダーを飲みつつ世間話。

こんな時勢に儲かってるのはどこなんですかね？と聞くと、政治家だけでしょうと一蹴。

以前も、「なんで俺たちがこんな目に合わなきゃいけないんだ」と漏らしていた。まったくその通りだろう。

月に一度は来る常連のお客さん。

今日はお連れの人も一緒に来てくださる。

日付が変わって、今日がその方のお誕生日。

時々、こうして誕生日の瞬間をうちで過ごしてくださるお客さんがいる。とても嬉しい。と同時にこちらも何かしなくてはいけないのではないかと焦りもする。ハイネケンを一本プレゼントした。

いつもの彼が本を持ってきた時、ビニール手袋をはめていると思ったら、藍染めで染まりきった両手だった。彼はジーンズの藍染めをしている。いつも笑顔が爽やかだ。

二人の笑顔を見ながら、この瞬間のために店を続けているのだと気づかされる。

やっぱり声を交わしながら商売をしたい。お金には色があって匂いがある。その時間がたまらく嬉しい。ただ、それだけのことなのだ。それをただ閉めろ、とだけ言うのはいくらなんでもふざけた話だと思う。何がなんでも死ぬまで続けてやる、と毎晩思う。

五月二十六日（水）　曇りのち夜に雨。

夜通しの雨は心地の良い色に変わる。

ミリバール開店直後に、Tさん来店。

友人の誕生日祝いに、と言いながらおそらく応援の気持ちで本を買いに来てくれた模様。

ありがたい。おすすめした、『台湾のおべんとう』（誠文堂新光社）を買っていただく。

国の一時支援金の申請に挑むが、ややこしく一度諦めかける。コールセンターに何度も電話するも繋がらず。

続けて、Mさん来店。

岡田利規『わたしたちに許された特別な時間の終わり』を指しながら、アメリカで観た公演の話をしてくださる。（Mさんはシアトルに10年ほど住み、Microsoftで働いていた。何の因果でこんな古本屋の僕と話しているのか）

カンパニー社の本は？と聞かれ、完全に忘れていたことを思い出す。慌てて電話で注文。

この状況下で新刊の注文はなかなかに怖いが、気づけば、予定以外のものも発注している。

日中の営業はただひたすらに眠い。夜よりも昼間起きているほうが体にこたえてくる。気圧のせいか、今日は一段と眠い。そういう日に限って、お客さんがちらほらといらっしゃる。許されるのなら、横になって接客したい。許されはずもないので、ただ呆然と座っている。

夏にある素人落語会の予習も含めて、柳家小三治「三年目」を聞く。

深夜、京都から学生時代にお世話になった着付師さんが来店。卒業式以来だったので、かれこれ六年ぶり。彼女が新尾道駅でタクシーを拾い、うちの店の話をしたら運転手が「ああ、私も彼のファンなんです」と言っていたとのこと。だとすると、あの黄色いタクシーのおじさんか。そんな風に言ってもらえるのはありがたい。どうぶつの森みたいな物語の導入だなと笑ってしまう。パートナーの方と共に、数冊。一九七〇年代の婦人雑誌を買っていかれたのは、着物の着こなしの頁も多かったためか。

時々、こうして懐かしい友人、知人と店で再会するというのは嬉しい、そして気恥ずかしかったりする。「気づけば、こんな古本屋になっちまいました」とおどけてしまう。できるなら昔のようにいじってほしいのだけれど。だけれども、それにしては僕が図太くなってしまった。

そのあとも学生さんが何人か来店。

誰も来ない夜だと思っていた。

雨は冷たいが、音は優しい。

棚から本が抜けた場所を見るたび、そこに一夜分の時間が埋まるのを感じる。またいつか、その時間も忘れていくのだろう。そうしてまた思い出す、本と人と。

（そろそろ古本買取があるとありがたいのだけれど。）

六月二日（水）　曇りの隙間から晴れ時々。

深夜の開店。

窓を開けると、常連のおじさんがお連れさんを連れて開店待ちをしてくれていた。開店待ちのお客さんは、渋谷のラーメン屋ならあるだろうけれど、古本屋の開店待ちというのは冷静に考えれば、すごいことだなと思う。

続けて、ひとり、ふたり、と今夜は久しぶりにお客さんが多い。コロナでなければこれくらいの温度感でお客さんが来てくれていた。本当なら、と思うことが最近多い。いま、この現実がまぎれもない本当なのだけれど。

常連の女の子が、今日は友人を連れて来店。

珍しくカメラをさげている。時々、一人でふらっと来てくれてはゆっくりと店で過ごしてくれる。地元の大学生。彼女とのやりとりは、捉え所がなくも禅問答のようで面白い。

季刊エスのバックナンバーを楽しそうに選んでいる。友人の前だとそんなふうに笑うのか、と思ったりもする。友人の彼から、「童話はないですか?」と聞かれる。どんな童話?と聞き返すと、グリム童話が好きで……とのこと。あいにく、似たようなのはあまりない。だいたいにおいて、お客さんから聞かれる本はない。圧倒的にない。特定のジャンル、作家、タイトル、あらゆる本について聞かれるが、在庫にあることのほうが少ない。

昔、電話での問い合わせで「ザ フェラーリをつくるの○月号ないですか?」と聞かれたことがあった。おそらくディアゴスティーニの類で、古本屋に片っ端しから聞いて回っている模様。あったとしたら、それは奇跡だ。在庫はないが、調べてみますねと言い電話を切る。すぐさまヤフオクを叩いた。全巻セットでは出品されている模様。そのあと、愛知か静岡にかある、模型中古販売店に問い合わせてみた。すると、その号は車のバンパーにあたる部分でかなり巨大だということを教えてもらう。バンパーがないフェラーリはだいぶ間抜けだ。そこにも在庫はなかった。

そのあと、リサイクルショップやありそうな店舗に数件問い合わせ、確認したのちにお客さんに折り返す。

「バンパーにあたる部分だと思うんですが、どこにもなくて、ヤフオクだったら全部セットで出ています」まったくお金にならない仕事だけれど、探偵のようで楽しい。

さて、友人の彼が嬉しそうに一冊の本を持ってきた。黒い小さな洋書。フランス語の聖書だった。装丁も豪華で、年代もかなり古い。彼に言わせると、「全部が、どストライク」だったらしい。買ったあとも袋から出しては繁々と眺めている。こんなお客さんに買われた本は幸せだろう。神は「光あれ」と言った、か。気づけば朝だ。

六月十三日（日）　父と母がくれた天丼をかきこむ。

開店後、いつもながらに自分用に珈琲を淹れて店内に戻ると、小さな子供連れの夫婦が来店していた。奥の席に座って母親が絵本を読み聞かせている。どうやらアーノルド・ローベルの「がまくんとかえるくん」シリーズの一冊。子供は母親の声のひとつひとつに反応している。ちょっとしたBGMのようにも思える。その後、子どもの手に一冊、さきほどまで母の声で読まれていた本が帳場までやってきた。こういう瞬間はたまらなく嬉しい。小さな手に本を手渡す。

Mさん来店。来月主催される大友良英さんのライブの話など。そういえば棚に一冊彼の本があったはずと思っておったら、すっと見つけられた。「どうして言ってくれないの。この本だけ持っていなかった」と。だいぶ前からあったので、もう持っているのかと思っていたとゴニョゴニョ言い訳をする。

通りに出している均一棚から杖をついた老婦人が一冊。「99%、腰痛が治る」という類の本。彼女にとって切実な問題だ。残り1パーセントはどうにかならんかとも思う。この百円が僕の体を生かすと思うと不思議だ。

父と母が来店。どこかの天井をお土産に。時々こうして店に遊びくる。父親の取置の本を渡す。父と母の本の好みは分かっている。父は、宮脇俊三を始め、鉄道関連のエッセイや写真集、向田邦子、白洲正子など。母も昔はよく本を読んでいたが、この頃は本を読む体力がないからか、ライフスタイル系の雑誌をよく買って帰るようになった。まさか自分の子どもが古本屋を始めるとは思わなかっただろう。古本好きの父親にしてみれば、親孝行な息子にちがいない、だろう、であってほしい。実家ではほぼ毎日、父親宛にアマゾンから本が届く。息子ながらに父親は一種の病気だろうと思う。どうせ買うなら、うちで買えよと言いたくなる。

客足も落ち着き、外で煙草を一服していると常連の青年が颯爽と来店。顔色がどことなく悪い。聞くと、あえなく振られたとのこと。最近、出会ったという女の子とのデートで浮かれておったのは数週間前のこと。その阿保面が今では、死に顔だ。ここぞとばかりに冷やかす。彼曰く、「カフカについて五時間も話したんですよ。そんな人なかなかいない」らしい。「尾道のどこに出会いがあるんですか」と言うので「古本屋にあるよ」と返す。「そんなのやっかいな人ばかりじゃないですか」。その言葉をそっくりそのまま彼に返したい。

六月某日

土曜日の日中営業を終え、飯を食べ、気づけば眠っていた。深夜の風呂上り、気分転換で夜の尾道を散歩する。緊急事態宣言下の町は静かで、いつもながらに走る貨物列車の音だけが狭い旧市街に響く。最近、こうして歩いてなかったなと日々の運動不足を実感する。海沿いの道を歩けば、幾分涼しい。少し肌寒いくらいだ。

夜の尾道水道は不思議な暗さだ。砂浜がないため波の音もなく、黒い海の上を小さな漁船が滑っていく。この時間、誰もいないだろうと思っていたが、思いのほかそれなりにひとがいる。夜釣りに興じる人や、訳もなく佇む女性ひとり、コンビニで買った缶ビールで小さく語りあっている男性たちの姿など。魚が時々、夜を跳ねている。

街角というよりも海角と言ったほうがいいのだろうか、それぞれの海べりに今まで暮らした五年間の僕が転がっている。このベンチはバイトの入り時間にひとり過ごした場所。尾道に来たばかりのときは友達も少なかった。あそこの防波堤は友達たちと酒を飲みかわしていた場所。飲み過ぎてしまって、いつもまがいものの文学論をふっかけた。そこは、朝が明けるまで話した場所。そんなことも、あった。

五年分の海を十五分で歩けば、駅前の芝生広場だ。対岸のドッグにガントリークレーン。大きな船舶が照らし出されて、まるで幻の島みたいだ。思わず写真を撮る。こうして、今日の一日がまた思いだす海角ひとり。たしか、あそこに僕がいた。何を見て、何を読んでた？　何を話した、何を笑った？　帰り道、ひき殺された大きな鼠の死骸を見た。

七月一日（木）

毎週木曜の定休日。シェアハウスの同居人の引っ越しを手伝う。山手の小さな一軒家。窓から小さく尾道水道とおもちゃのような渡船が見える。昼ご飯をみんなで食べたあと、ひとり温泉に入りにいく。尾道の奥のほうにひっそりとある養老温泉。大きな湯舟がひとつだけある簡素な浴場だが、大広間の休憩所がある。僕はここが好きだ。風呂上り、畳に横になったり、サイダーを飲みつつ煙草を吹かしている。風呂場から見えた雨は激しくなってくる。青葉に染みいる翠色。つい見とれてしまう。

七月二日（金）

ミリバールのある三軒家町《さんげんやちょう》は尾道のなかでも、とりわけ下町の感が強い。店番合間に近所のコンビニへゆく。途中、軒先に食器やら雑貨やらを並べている家がある。ご自由にお持ち帰りくださいと書かれている。ここをたまにのぞくのが小さな楽しみだ。この前は具合のいい、宮島の鳥居が彫られたお盆があったので、もらって帰った。ここの主人とは何度か面識もあり、ときどき自分の家にある古い絵葉書を売りにくる。今日は和柄の可愛らしいカップが六個ほど出ていたのでそれを。店で売るつもりだ。そこはぬかりない。

七月三日（土）

今日は昼間営業の日。朝、頭痛がひどく開店を遅くした。常連さんが心配してくれて、買取の本と一緒にポカリスエットを持ってきてくれた。野呂邦暢『愛についてのデッサン』梅崎春生『ボロ家の春秋』違星北斗『違星北斗歌集』。どれも最近刊行された本ばかり。本当にありがたく、かつ申し訳ない。

いつかの買取でやってきた本の値付をしつつ物色。田代光枝詩集『家族』、編集工房ノア。個人的に好きな出版社だ。聞いたことのない詩人の言葉に時折はっとさせられる。

折紙をしながら
子供のときがあったかと
孫は尋ねる
淡墨色で書かれたような祖母の面影
眉を落とし オハグロで染めた歯と笑顔
私も孫と同じことを
祖母に聞いた
くもったガラス戸に
折紙に飽きた小さな手形が付く

朝顔のツルが伸びている

田代光枝「家族」より

生活にある何気ない会話、何気ない視線の動き、ふと心で見る詩の風景。詩人の姿がはっきりとした声で聴こえるのは、声の大きさによるものではない。ただ、ぽつりと畳に落としてしまった時のような、小さな響き。そんな本にいつも出会いたいと思う。

七月四日（日）

売上悪し。諦めて缶ビールを開ける。飲めないとやれないこともある。

七月十二日（月）

支店のミリバールの店番。昨日、あんなに晴れたというのに今日はまたもや雲行きが怪しい。と思っていたら激しい雨と猛烈な雷。だんだんと近づいてくる雷の激しさにどうなるかなと身構えていると、狂った音と共に建物全棟が停電してしまった。近所の電柱に落ちたらしい。他のテナントの皆々、口元を少し緩めつつ集まる。怯えている人もいるのだが、この状況を楽しんでしまっている自分がいる。ただでさえ薄暗い元下宿アパートが、より一層陰鬱な暗闇に包まれる。僕の店なんて電気が無ければ真っ暗だ。そんな時に限って友人が連れだって店にやってきた。仕方ないので、灯油ランプに火を灯し照らしながら本棚をみてもらう。これはこれでいいですね、と言ってもらう。嬉しくなる。どんなことがあっても古本屋でいられるような気持ちになる。会計が済んだ直後に復旧した。明るくなった瞬間、お客さんと歓声をあげて喜ぶ。

七月十三日（水）— 十五日（金）

姫路と神戸へ旅行に行く。久しぶりの遠出。姫路文学館で「ねずみくんのチョッキ展」を観る。子どものときに何度となく読んだ絵本。くわしい内容を忘れても、あの可愛らしい絵柄は頭からは離れない。一階に常設されている姫路のゆかりの文学者の展示も興味深かった。学生運動のさなか、恋と思想に死んだ早逝の歌人岸上大作。僕が愛してやまない詩人、港野喜代子も神戸出身なので、他の作家と名を連ねていた。

姫路駅前のビニールシートが入り口になっている串揚げ屋さんで一杯、二杯。紅しょうがを揚げたやつが美味しいんだよと言われて、初めて食べた。酒がすすむ。

二日目は神戸の古本屋「本の栞」さんへ。以前店にも遊びにきてくれた。まだ二四才の女性店主だ。手土産に缶ビールを持っていく。ちゃっかり僕も飲みながら、棚を物色する。新刊もありつつ、古本もシュッとあるかっこいい棚作りだ。自分がどんな店になりたいかと考えたとき、「茶目っ気」という言葉がふと思い浮かぶ。品揃えや店の作りが凝っているなど、いろんな店があるなか、僕は茶目っ気のある店でありたいと思う。他の本屋さんに行くと、自分がしたいことが明確になる気がする。

七月十六日（金）

神戸から帰ったそばから、店の準備。雨に揺れながら自転車で走る。神戸元町の商店街を見たからか、尾道のアーケード街は少し寂しそうにみえる。生活のための店が少しづつ減っていく。新しい店のだいたいは観光客向けだ。僕の店もそうなのだろうか。

七月十七日（土）

今日は昼営業。石間秀耶写真展「ONOMICHI GYAKKO」も今日から二週間開催。

朝の珈琲一杯、心湿らせて曇空。煙草ひと吹き、曇を晴らせよ。

七月十八日（日）

そういう商売はしないでいよう。と思うことがある。そういうのは見境いないから。こういう商売はいいなと思えることもある。それは古本屋ではなく、飲食店など他業種だったりする。店の素朴さや美しさだったり。身のこなし方がかっこいいと憧れる。稼げたらいいという商売は嫌だ。

けれど、自分の作品を見せるような、完璧な商売はもっとしんどい。そこにお客さんの入れる余地のない完璧さは不完全のような気がする。お客さんと共にやりとりがある店がしたい。ちゃんと喋って、ちゃんと売る商売がしたい。完璧さを求めるあまり、店を一生始められない人もいる。諦めろと言いたくなる。あなたの正解はお客さんにとっての不正解の場合がある。とりあえず始めて、お客さんに答えながらやるしかない。始めるよりも続けることが難しい。とりあえず漕ぎ始めたらいい。怖いけれど、怖くないことはつまらない。

七月十九日（月）

青い空に薄緑のガントリークレーン
大きな船が見えかけた。
さぁ、夏です。
これからとてもとても暑い日々が始まるのです。
僕らは生きていきましょう。
生き抜いてやりましょう。

七月二十一日（水）

仮眠のつもりが開店時刻を一時間近く過ぎて眠ってしまった。大遅刻である。隣路地に暮らす妹が起こしに来てくれる。「おい、起きろ、外にいっぱいお客さんが待ってるぞ」慌てて着の身着のまま、急いで開ける。路地には、何組かのお客さんが待っている。常連の青年と写真家の石間くんが、声をかけてくれていたらしい。ほんとうに申し訳ないやら、情けないやら。

最後、閉店間際におじさんが「ウィスキー一杯ください」と言って店に入ってきた。呑み屋と勘違いされたのだろうか。お酒売ってないですと言ったら、何を売ってるん?と聞かれて。本を売ってますと答えた。

七月二十二日（木）

ほんとうなら定休日の木曜。

今日は、ひたすらに明日から三日間やる「三軒家古本レコ市」の準備。店でたまりにたまった在庫をまとめて出す。文庫本一冊一〇〇円、十冊だったら一冊五〇円。単行本一冊二〇〇円、三冊で五〇〇円。さらには八木書店から自由価格本も取り寄せた。見映えのことも考えつつ、竹久夢二の新版画やレトロな食器も何点か置いてみる。

今月は売上が散々だったので、どうにか稼ぎたい。うまい酒を飲むために、本が売れてほしい。

二〇二一年

2

八月一日（日）

八月は毎年無休営業をしている。今年で四年か。夏は駆け抜けて、終える。閉店終わりの深夜には詩の朗読をする。なるべく毎晩。あまりに眠かったり、疲れていればお休みする。インスタグラムに投稿し、朝起きれば消す。「深夜の朗読」と呼んでいる。

第一夜は伊藤茂次。昭和三九年、詩人大野新との出会いがきっかけで、近江詩人会に入会し詩作をはじめる。翌年には妻をガンで亡くし、その頃から酒量も増え、死ぬときまでアル中だったひとりの男。この男が書く詩がたまらなくいいのだ。あまりに悲しみが突き抜けている。読んでいて明るい気持ちにはならないのに、なにくそと無理やり絞り出された声に励まされる。

金沢の小さな出版社龜鳴屋《かめなくや》さんが刊行した伊藤茂次詩集『ないしょ』は内容もさることながら、本の存在そのものが奇跡のように思える。

これが俺の人生だと世間にさらし
太陽の出ないうすら寒い日に
堂々と胸を張っている

伊藤茂次「日常」より

朗読を聞いたひとは「夏がはじまったというのに辛気臭い」と苦笑いされたかもしれない。なに、堂々と胸を張って好きなことをやるのみ。

八月二日（月）

自分が生きている間に、まさかもう一度日本でオリンピックがあるとは思っていなかった。ラジオから流れるオリンピック関連のニュースが日々うるさくて参る。お客さんとオリンピックの話題にならなかったのは、うちがやっぱり文化系だからか。それともスポーツが苦手な僕に、気を遣って話を振らなかっただけか。相も変らぬ古本屋の日々である。

競技に夢中になれない者も
わずかに背を向けて
南京豆ぐらいはかじっていたのだ。

石垣りん「グラウンド」より

八月三日（火）

長田弘は店でも人気が高く、入荷するとすぐに売れてしまう。平易な言葉の数行で遠くの公園まで連れられてゆく。そんな感覚がある。

目は見ることをたのしむ。
耳は聴くことをたのしむ。

こころは感じることをたのしむ。
どんな形容詞もなしに。

長田弘「静かな日」より

歳をとればとるほど、「どんな形容詞もなしに」世界と向き合うことは難しくなる。ただ在るものを在るままに感じるのは容易ではない。ついつい長田弘の詩に救われてしまおうとする自分がいる。それはやましい。

八月四日（水）

僕の生まれ故郷福山に生きた詩人、木下夕爾《ゆうじ》。広島県内の方でも知っている人は多くないだろう。モダンな表現に切ない詩人の横顔を垣間見る。大好きな詩人のひとりだ。

「BONJOUR」は夏の幕開けにぴったりの詩だろう。さっぱりとした白いシャツに袖を通したくなる。

夏が来た　一枚のカアボン紙のやうに光りながら
僕は水いろのランプシェェドを買つた
そして今日も新しい洗濯剤のやうにいい天気です

木下夕爾「BONJOUR」より

八月五日（木）

深夜営業を終えて、日付は八月六日。否が応でも朗読する詩に原爆を意識させられるが、今までは避けてきた。詩がもつ切迫した力に自分が太刀打ちできないと思っていた。

原民喜。広島市に生まれ、慶応義塾大学進学のため上京。自身の作家活動を支えた妻を肺結核と糖尿病で亡くし、広島に疎開していた時に被爆する。彼の全集が古本としてやってきたとき、巻頭付録としておさめられていた写真には妻の貞恵とのツーショットがあった。恥ずかしそうにはにかむ二人。戦後に撮られた、ひとりぼっちの民喜とのコントラストが激しく、寂しく、苦しくなる。一九五一年、中央線の線路に横たわり自殺。四五歳だった。

「コレガ人間ナノデス」は原爆をうたった有名な詩だが、あまりにも生々しく、真正面からこちらを見つめられているような気持ちになってくる。今年は、僕もその目を見つめ返してみたが、彼は答えてくれない。祈りの思いで朗読をした。せめてそれぐらいは。

八月六日（金）

私は行き場もなく
自分が歌をうたひ始める。

林芙美子「思ひ」より

尾道駅を出て、商店街へと歩けば林芙美子の銅像が人びとを迎える。像の足元に書かれた「海が見えた。海が見える」は『放浪記』の一節。林芙美子に詳しくない人びとにも旅情を添える。旅商人の両親に連れられ、ひょんなきっかけで尾道にやってきた芙美子。一〇代の多感な時期をこの町で生きた。

店にたまたまやってきた『生活詩集』で彼女の詩を知り、一瞬で虜になった。数行の短い詩が多く、仕事の合間、疲れてふと口から漏れでたような雰囲気がある。「思ひ」という詩も、夕暮れに染まる、ほんの一瞬の出来事が切りとられている。町に溢れる音が時として、自分を責め立てている気がしてくる時、彼女は「歌をうたひ始める」。閉店後、誰もいなくなった店内で佇んでいると、時々この詩が頭に浮かんでくる。

八月七日（土）

深く土に帰る日はいつですか

引き出しの中の

この極楽行きの切符は
どうして手に入れたのですか
母よ　あなたは

田代光枝「紙人形が」より

詩を以ってして、宙に問いかける。その宛先はどこだろうと、いまここにはいない。彼女の声にもちろん返答はない。返答があろうと思ってもいない。ただ言いたいのだ。声にすることで、言葉にすることで、その時間に耐える。

八月九日（月）

吉原幸子。お客さんがタイミングよく店に持ち込んだ一冊をさっそく朗読してみようとペラペラとめくってみる。ネットで検索すると、ペンを持った右手で頬杖をついた姿の彼女があらわれた。少女漫画か宝塚にでてくるような男前だ。子どもについて歌った詩に時々「ずるい」という感想を抱いてしまうが、吉原幸子のこの詩は、最終連で子どもの視線を「むきたての世界」と表現するところに、ヤラレタという気持ちになった。

手をさしのべ
身をのり出して
むきたての世界を　おまへは　つかむ

吉原幸子「幼年連祷・四」より「Jに」より

八月十日（火）

谷川俊太郎の詩に佐野洋子が描く挿絵が見事にあわさった、共作詩集『女に』収録の一篇。谷川は詩人と言えば、とまず間違いなく最初にあがる名前だろう。綺麗な詩を書く人だけれど、それゆえに彼のやらしさが浮き立つ。悪い意味ではない。どちらかと言えばいい意味で、身勝手な男やなぁといつも思って詩を読む。

あなたの眠らなかった夜を私は眠ったが
私の知らないあなたの日々は
私の見た夕焼け雲に縁どられていた

谷川俊太郎「日々」より

谷川の詩は佐野洋子がこしらえた器でころころところがっているように思う。

八月十一日（水）

遠くの友が本を送ってくれた
田舎ものの私には分からないところが多く佗しかつた

堀内幸枝「読書」より

『堀内幸枝全詩集』という、なかなかの厚さの本を手にして朗読する。彼女の詩を読むにしては重すぎる。文庫サイズで新しく詩集がつくられたら、もっと広くのひとにも知られるだろうと思う。堀内さんの詩は山の色や田舎の風景を題材にし、その青々しさに潜む悲しみをてらいなく描いている。

八月十二日（木）

ほんとのところは
この世にゐなくてもいいんだけれど

木山捷平「辛抱」より

木山捷平《しょうへい》、岡山が生んだ作家であり詩人。飄々とした文体、生活の悲しみをユーモラスに包んで、抜けた明るさをもって私たちに届ける。この日の営業終わり、疲れ気味でなるべく短い詩を探していたら、少ない言葉で自身を語る、木山の自己紹介のような詩を見つけた。気持ち明るく読んでみたつもりだったが、内容が内容なだけに、聞いた方からは心配されてしまった。ひたむきにしたむきな言葉で生きてゆくことに憧れてしまう。

八月十三日（金）

どうも嫌な雨が続く。深夜に大雨だとお客さんも来ないだろうと諦めきっていると、まさかのまさか、それなりに来店が続く。開けているほうもほうだが、来るひとも来る人だ。

すべてのものが嘲笑してゐる時、
夜はすでに私の手の中にゐた。

左川ちか「錆びたナイフ」

今夜は左川ちか。北海道出身、昭和初期の詩人。日常の死に対峙する風景を鮮やかに書き上げ、詩世界を作りあげている。「夜はすでに私の手の中にゐた」という表現に痺れた。そんな詩人はわずか二四歳で死去。雨は降りやまないが朗読にはぴったりかもしれない。

八月十四日（土）

小学校の教科書ではじめて読んだ、石垣りんの「崖」。その頃はどこか説教臭い詩だなと思い苦手だった。

それがねえ
まだ一人も海にとどかないのだ。
十五年もたつというのに

どうしたんだろう。
あの、
女。

石垣りん「崖」より

戦争中、「女たち」は崖から飛び降りた。「美徳やら義理やら体裁やら」と実体の分からないものによって。それは戦争の時だけの話だろうか。一五年経っても彼女たちは海には届かず、まるで亡霊のように町を漂っている。最後、「女たち」ではなく「女」と書かれていることに、怖さを感じてしまう。朗読するたび、いつも鳥肌が自然と立っている。

八月十五日（日）

港野喜代子さんは、戦後を生きた僕の愛する詩人。尾道のとある宅の仕入れではじめて出会った。詩集『魚のことば』は装丁の温度感もとてもよく、こんな本に年に一回でも出会うと生きていてよかったと心の底から思う。詩集のあとがきからひとつ。

「四十才を越した今日になつてはじめて、生きることは、人間同志の抑圧の全形であり、しかも余りに愚かしい暴力でそれはからみ合つて居り、到底、私などのほぐしも及ばぬ仕組であることをひしひし感じられて来ました。」

それでも彼女は続ける。

「日日の絶望を平和への悲願に転身させて仂くのでなければ」と。

救いごとに似たもの一切をこばみ
宇宙の
唯一つへ
手さぐる

港野喜代子「地上」より

終戦記念日に祈りの思いで朗読する。

八月十六日（月）

高校生時代に一目惚れした中原中也。昔のような熱量はいまにはないが、初心に帰るつもりで頁を開いている。キレ散らかしている中也節を読むと落語の啖呵を聞いたときのような嬉しさがこみあげてくる。この日の朗読に選んだのは、営業中になにか嫌なことがあったからか。

私はもう歌なぞ歌はない
こんな御都合な世の中に歌なぞ歌はない

中原中也「詩人は辛い」より

八月十七日（火）

湿っぽい夜が続く。まるで梅雨みたいだ。ラジオ深夜便からはアルチュール・ランボーの話。僕が好きな詩はやっぱり「永遠」だ。「見つけたよ／何を？／永遠を／太陽に溶けた海」この訳はたしか、えすとえむの短編漫画集『このたびは』で読んだ。今までにない翻訳で、底本がなんだったのか分からないが、岩波や他の翻訳よりも優しい印象で、特に好きだ。

夜に朗読する用の詩集を物色。一分を超えない長さのものを選ぶので、これがなかなか難しい。またちょうどよく、読みたい詩集が店の在庫にあるとも限らない。自然と普段読まない詩人のものに手がのびる。立原道造なんてのはどうだろう。

> 夜が下手にうたつてきかせた
> 眠られないと　僕はいつも
> 夜汽車に乗つてゐると思ひだす
>
> 立原道造「日記」より

神経質なほどの繊細さが香る。書斎でひとり、詩の書けない青年の姿を想像する。静けさのなか彼の友は夜だけのようだ。言葉から離れ、彼は夢想の汽車に揺られてゆく。立原道造は甘々な詩が多い印象だったが、こんな深夜の朗読にぴったりな詩があるとは。

八月十八日（水）

僕がお金持ちになって、嫌な成金になったらどうする?という小話をお客さんとよくする。札束をさ、クリップでとめたりなんかしてさ、変に明るい感じの。という下りを話している。するとたいがいお客さんに「たぶん、それをネタにしているくらいだから、そうはならないですよ」と返される。そもそも古本屋でお金持ちというのも難しい話か。

いろいろな事を望んだが
駄目だつた

伊藤茂次「僕の写真」より

弱いのに弱弱しいという訳でもない。弱さゆえの強さ。そういうものに憧れている。

八月十九日（木）

シベリア抑留の体験が石原吉郎の文学をつくりあげた。彼が語った、詩の定義は詩を志す人びとが胸のうちにもっておくべき言葉だと思っている。

「詩における言葉はいわば沈黙を語るためのことば、「沈黙するための」ことばであるといっていい。もっとも耐えがたいものを語ろうとする衝動が、このような不幸な機能を、ことばに課したと考えることができる。いわば失語の一歩手前でふみとどまろうとする意志が、詩全体をささえるのである。」

死は終わりではなく、はじまり。「死を背後に生きる」という言葉は、シベリアでの体験がなければ生まれてこなかっただろう。石原吉郎は沈黙を語り、死を生きる詩人だった。

死を背後にすることによって
私は永遠に生きる

石原吉郎「死」より

八月二十日（金）

学生のころ、付き合っていた彼女に自分の書いている詩をどう思うか聞いたことがある。その頃、自作の詩をmixiの日記に投稿していた。ＳＮＳの主流はTwitterに移行していたが、mixiの閑散さがちょうどよかった。沢山のひとに読んでもらいたいというよりも、自分のために書いている節もあった。いま思い起こすと恥ずかしい。

少し面倒そうな顔を浮かべつつも、優しかった彼女は「黒田三郎みたい」と返してくれた。それが黒田三郎とのはじめての出会いだ。

影
美しい影
醜いものの美しい影

黒田三郎「夕焼け」より

ＮＨＫに勤めながら詩を書き続けていた、黒田三郎。アル中と言っても過言でないほど酒を飲み、そんな自分自身をも詩に昇華する。夕焼けに染まる大都会の町で、最後繰り返される「影」。「美しい影」の持ち主は影がくっきりと美しく見えたことで、より自分の醜さ、愚かさを意識されたのではないだろうか。彼女が似ていると言ったのは僕も酒飲みだったからだけかもしれない。

八月二十一日（土）

感動というのは、人の目をいとも簡単に覆う。感動は気持ちがいいが、感情の枯渇のようにも思う。ラブアンドピースという言葉が空虚に聞こえてしまう僕がいる。なんだ、そんなものか。人間はそうだったな、と。僕も簡単に感動する、そんな人間のひとりだ。

先の戦争で、多くの詩人がどのような詩を書いたかということを思い出す。美しい詩を書ける彼らが、どうしてあんな戦争賛美の詩を書いたのか分からなかった。今なら手にとるように分かる気がする。気持ちよかったのだ。

死んではいけない。
ひけめでしかない
祖国のためにも、
愛するものの為にも、

まして、あの破廉恥な
ボス共のためにも
奴らのいふ自由や

正義のためにも、

日々、厭世的にもなる。けれど、僕は明日の酒のためにも店を開けるしかない訳だ。しがない小商いをするしかない。店を開け続けてゆくことがひとつの抵抗だ。

金子光晴「生と死」より

八月二十二日（日）

今日は週末の昼間営業の日。知り合いの古着屋さんのフリーマーケットを見にいっておったら開店時刻に遅れてしまった。起きた時すでに、遅れ気味だったので確信犯である。

木下夕爾の初期詩篇を集めた『昔の歌』という詩集が日本の古本屋で、比較的安くでていたので注文した。どれも青々しい詩ですばらしい。僕にぴったりの詩があったので、今日はこれを読む。

ああまた遅刻してしまつた
途方に暮れた私のまはりで
紋白蝶が舞つてゐた

木下夕爾「遅刻」より

八月二十三日（月）

長谷川四郎、北海道出身。もともとは満鉄社員だったが、三十五歳のときに召集。敗戦後シベリアに抑留され、四十一歳のときに日本へ帰ってくる。戦争に翻弄されながらも、その状況を泳ぐようなしなやさも感じられる。戦後はロシアをはじめとした海外作品の翻訳を数多く手がけた。詩はどこかおどけた印象もあり、読むというより歌うというほうが近いかもしれない。朗読用の詩選びに困り、たまたま棚にあったちくま日本文学シリーズから選んだ。

ぼくはぼくの暴風
ぼくはぼくの難破
ぼくはぼくの暗礁
ぼくはぼくの漂流
ぼくはぼくの
つかまっている木片
そしてぼくはぼくの
朝凪ぎだ

長谷川四郎「病人の歌」より

八月二十四日（火）

またもや緊急事態宣言が発令。僕の唯一といってもいい外出理由の飲み屋通いがこれでおあずけ。家でも飲めるが、どうも雰囲気がでない。静かに売上もさがっているので、じわじわと暗くなる。こんな時こそ、詩集を開く。暗いときには伊藤茂次だ。

少女が好きなので
白いズボンを買い
お経のつもりで
詩とか小説を
わずかだが読むのであります

伊藤茂次「申告」より

伊藤茂次の詩には、女性にまつわるものも多い。なかなかの女好きだったのかもしれないが、正直すぎる。

八月二十五日（水）

智恵子は東京に空が無いといふ、
ほんとの空が見たいといふ。

高村光太郎「あどけない話」より

高村光太郎の言わずと知れた、「智恵子抄」より。言葉選びや詩の間など絶妙で、さすが有名詩人と思いつつ、智恵子の言葉を「あどけない話」と締めくくってしまうところはどうしても好きになれない。「東京には空がないといふ」この一行に詩の魂があるように思う。

八月二十七日（金）

両手で　かばいたい

小鳥よ
霧の時間だ
今日を無事に　暮れて行け

港野喜代子「夕暮れを焚く」より

詩集『凍り絵』からの一篇。冬を歌った詩だったが、いい詩だと思ったので声にして読んでみる。今夜はお客さんがそれなり多かった。無事になんとか暮れていきたい。

八月二十九日（日）

おまへはもう静かな部屋に帰るがよい。
煥発する都会の夜々の燈火を後に、
おまへはもう、郊外の道を辿るがよい。
そして心の呟きを、ゆっくりと聴くがよい。

中原中也「最後の四行詩」

「深夜の朗読」の終盤に必ず読む、中也の一篇。最後の四行詩というのは通称であって、正しくはタイトル無し。中也が最後に書いた詩とされている、この四行に彼の人生が詰められている。誰もいなくなった店内で読むと、さみしい顔をした中也が隣に立っているような気がする。詩を読むこと、それは心の呟きを聞くことでもある。

八月三十日（月）

古びたカンカン帽を
この橋の上から投げよう
さよなら
さよなら
それがしばらくためらひながら
やがてうすぐらい水の方へと消えてゆくのをながめよう

木下夕爾「夏のをはり」より

夏を駆け抜け、秋の気配を感じつつ木下夕爾の詩を読む。「さよなら／さよなら」と二回、さよならを繰り返すところに、離れてゆくときの寂しさが際立っている。夏から秋になってゆく季節の一瞬のできごと、映画のワンシーンのような世界だ。

八月三十一日（火）

三十一日は毎年、同じ詩を朗読している。毎夜、睡眠不足になりながら朗読を続けるのは、最後の詩を読むためのような気もしている。何を読んでいるかは、ここでは内緒。いつかみてもらったときの楽しみにしていただきたい。

二〇二一年

3

九月十七日（金）

古本屋と打つと
何故か you と出た。
知ってるよ。と思った。

九月十八日（土）

友人の誕生日にと、本のプレゼントの依頼。新刊書で『C級スニーカーコレクション』（永井ミキジ、グラフィック社）。

贈り主は岡山に住んでおり、誕生日のご友人は尾道にお住まい。共通の知り合いでもあるので、僕が代わりに職場まで届ける。せっかくなので、簡単にラッピングして添え書きをする。「二人の関係性は友人でありつつ、姉妹のようで、なんだがいいなぁと思います」なんやよう分からん添書きになった。

九月十九日（日）

連休の中日とあってか、観光のお客さんが多い。およそ古本に縁のなさそうな若いグループもやってくる。こういう日は売上は悪い。常連の青年に「観光にきて古本買いに来ないでしょ、重いですもん」と言われる始末。

いんや、そんなことない言いたいが、やっぱりそうなのかなと思う。

友人夫婦来店。旦那さんは痛風に苦しんでいた。ちょうどおあつらえの本がありますよと伝えていた本の雑誌社『痛風の朝』を買いにきたという。ということはだいぶ治ったのだろう。本当は今年、結婚式を挙げる予定だった。このコロナで延期が続き、とうとう中止することにしたという。僕も余興で落語をする予定だった。準備してくれていたのに申し訳ないといいながら、引出物で配る予定だったという手ぬぐいをもらう。夫婦ふたりが並んだ、なんとも可愛らしいデザイン。それを見ながら思わず、泣きそうになる。なんだかやるせない。

閉店間際に常連のご家族がやってくる。いつもの男の子の手に缶ビールが握られている。「お疲れ様です」とご両親に声をかけられる。なにやら申し訳ないやらありがたいやら。十歳にも満たない男の子にビールを握らせる二十八歳の古本屋店主よ。

夕暮れになるとすっと風が冷たくて心地いい。もう秋なのか、そうか、もう秋か。

九月二十四日（金）

息をするように本を売ることでしか僕は生きることができないんだろう。死ぬのも古本屋で、生きるのも古本屋か。頁をめくる音で息をする。その息で己を生かせ誰かを生かせ。人生のあとがきには、まだ早い。

九月二十五日（土）

昼営業を終えて、コンビニへ夕食を買いに。飲食店はどこも開いてないので、日々のご飯が単調になる。ちょっと贅沢をした気持ちになりたくて寿司と豚汁を買う。けれど、ぼそぼそ食べる寿司はあまり面白くはない。早めの入浴をして、原稿の直しをしようと思うも気が進まず。茶を何杯も飲んでいる。

実家から持って帰った祖父のラジオをひねる。ざらついた音を聞いていると、心が落ち着いてくる。開けたままの窓、秋が僕の背中を掻いている。

九月二十六日（日）

最後、店に来た白髪のお爺さんがべろんべろんに酔っ払っていた。ひとりごとを言いながら店内をめぐって、自分が選んだ本をどこに置いたか迷っていた。代わりに探して手渡すと、お爺さんがよろけて、肩に頭突きを喰らう。今までいろんなお客さんがいたけれど、頭突きをしてくるお客さんは未だかつていなかった。

九月二十七日（月）

お客さんから問い合わせのあった新刊の確認。出版社のサイトにある「主な取り扱い店舗」の中国地方をみてみる。広島県内は市内の大きな本屋の数店のみである。仕方ないよなと思いつつ、そもそも備後エリアには存在しない本というのはザラなのかもしれないという現実に悲しい気持ちにもなる。便利さではAmazonには勝てない。尾道に暮らす人もAmazonでそりゃあ本を注文する。欲しい本が書店にないのだから。けれど、と思う。僕らは便利さを求めるあまり、さらに不便な暮らしを強いられているのではないか。圧倒的な速さは少し不便じゃないのか。当たり前のように本屋に本が並んでいる状態を保つには、互いに本の駆け引きを続けていく必要があるのではないか。

そんな偉そうなことを思いつつ、注文のあった本とは別に、お客さんが好きそうなタイトルもあわせて数冊注文する。頑張ればちゃんと売れる。気がする。たぶん。きっと。頼む。

九月の深夜は本当に僕の店しか開いてなかったんじゃないか。売上もゆるやかに下降気味だ。不思議と焦りがない。焦っても本が売れる訳じゃなし。今日何本吸ったかわからない煙草をくわえる。踏切の音。次の列車はどちらの方向から来るだろう。明日は客が来るだろうか。

九月二十八日（火）

仮眠のつもりが、寝坊してしまった。開店時刻を二〇分過ぎている。慌ててるのか諦めてるのか分からないままに店を開ける。妹が「寝坊したと思ったよ」と心配して店に来る。今日は連載用の漫画を描いていたら、涙が出てきたと言う。自分が描いてるものになんで泣くのか。

お客さんが帰ったあと、懺悔のような気持ちで文庫本、新書コーナーの整理。一番下の段の文庫はなんというか売れ残り感があり、しょぼくれている。文庫本の買取で良いものが多くあると助かるのだけれど。新書はやっぱり出版社別の方が見えやすい。

整理したらだいぶすっきりと見える。これで少しは売れてくれたら。今日はお客さんは一人だった。

九月二十九日（水）

シェアハウスに帰ると同居人が山小屋のYouTubeを見ていた。来年には山小屋でバイトをしたいという。それだったら、持ってた雑誌に山小屋の話が載ってたと棚からひっぱりだす。「bp」というBE-PALの別冊で出ていた、アウトドア寄りのライフスタイルマガジン。持っていたのは二〇〇七、二〇〇八年のバックナンバーだ。高校生の時、頁が擦り切れるほど読んでいた。大学進学の時にも持っていき、尾道にも持ってきていた。大好きな雑誌だった。

誌面を眺めてみれば、当時の二十代―三十代の若者の暮らしがきらきらと紹介されている。ゲストハウスやシェアハウス、リノベーションだのと今では少し垢のついた感のあるワードが並ぶ。高校生の僕はそういったものに少なからず憧れていたのだろう。得ずして、当時憧れていたような暮らしに近い日々を過ごしている。「そんなにいいもんでないよ」と言ってあげたいが、「そんなに悪いものでもないよ」ともいえるか。懐かしいなぁと言いながら、ぼろぼろの雑誌を手渡す。

九月三〇日（木）

今日は定休日。昼過ぎに家の内見へ。山手のこじんまりとした家。窓から尾道水道が見える。小さな庭と小さなお風呂。時々ドックから音が聞こえた。

知り合いのお店の近くにある空き家の本の引き取り。大量にある新興宗教系の本。店では売りにくいが市会ならそれなりの値段になる気がする。いそいそと積む。謎に増改築を繰り返したため、奇怪な間取りだ。増築部分は取り壊し、もともとの平家部分を知り合いが譲り受けるのだという。「ピタゴラハウスって呼ぶことにしたの」と話しておられた。

明日から緊急事態宣言解除。それと煙草増税。十三カートン買いだめした。山の上で月が笑っておる。

十月一日（金）

通りにタクシーの行列が帰ってきた。新開の呑み客相手の商売だ。どんどこ、また忙しない夜の波打ち際か。

忙しくなるかと思ったが、客は誰も来やしない。今日は酒を飲んで酔ってしまったから、その方がありがたい。いつもの彼がひとり来店。「誰も来ませんねぇ」というので、そんなもんだよ、そんなもん。と返す。そんなもんが続くのは困る。

十月二日（土）

知り合いから仕入れたＡＶ女優の写真集が二冊売れる。それなりの値段なので嬉しい。ちゃんとそういうものも売っていかなきゃいけない。今日はお客さんは多くないが、一人あたりの買う額が数千円になる。みんな我慢してたのだろうか。

尾道にうつり住んだ知り合いが、「町に関わりがないから少し寂しい」ということだったので、店を閉めたあと、常連の彼と友人を誘って呑みに出る。僕も尾道に住み始めた頃は、一人も知り合いがいなかった。虚勢をはってもいた。今じゃ、町を歩けば知り合いばかりだ。

「ひととの繋がりを生む町の本屋さん」というのを見かけるたびに、自分は人と繋がりたくないから本を読んでいたのかもしれないと思う。生きていればいくらでも繋がりがあるのに、どうして本の世界でも繋がらないといけないのだろう。そうとはいえ、古本屋を続けて来て、一枚手ぬぐいを作れるくらいには無数の糸ができている。ひとりになりたかったのに、ひとりでは生きてはいけないことを知る。

十月四日（月）

深夜、いそいそと値付。文庫本に「１００円」と鉛筆で書き込むたび、恐ろしい商売だなと思う。古本屋は百円で売るものを後生大事に抱えている。安いから悪い本というばかりじゃない。文庫本一冊に五分の魂。百円を百冊売れば1万だ。

お客さんのひとりは数年前まで尾道に住んでいた女の子。店にも何度か来たことがある。マスクをしているからか、大人びたからか、最初気づかなかった。お久しぶりだねと話していたら、彼女は急に泣き出した。話を聞くと、学生時代生きるのがしんどかったという。頭にもやがかかったようで、本が一冊も読めなくなってしまっていた、と。僕も大学最後の年は同じような状態になった。「洗濯とかできなくなるよね」と返すと大きくうなずく。今はだいぶ元気になったという。宿をとり、うちをめがけて歩いてきて、看板の灯りが見えたとき、感極まったという。本棚をみていても、涙が止まらないという。本を探せている自分が嬉しいという。

「明日は仕事をずる休みするんです」と涙はらした目で笑う彼女を見ながら、店を続けてきて、こんな嬉しいことはないなと僕も笑う。

十月二十五日（月）

九時前起床。

ソファで久しぶりに朝をむかえる。

窓の向こうでかすかに雨の音が聞こえる。外に出ると冷たい色がした。雨に混じって煙のような香りがする。セーターを着てるからだろうか。この朝の感じは好きだ。暗くも優しい音に町が包まれている。

バス停で老婦人がひとり、傘を差し立っている。それは僕が見たひとつの絵だ。朝の一瞬の出来事。蛍光灯の灯りの部屋へと戻る。原稿の直しは殆どできてない。どうにかする。どうにか書く。

古本屋
弐拾dB

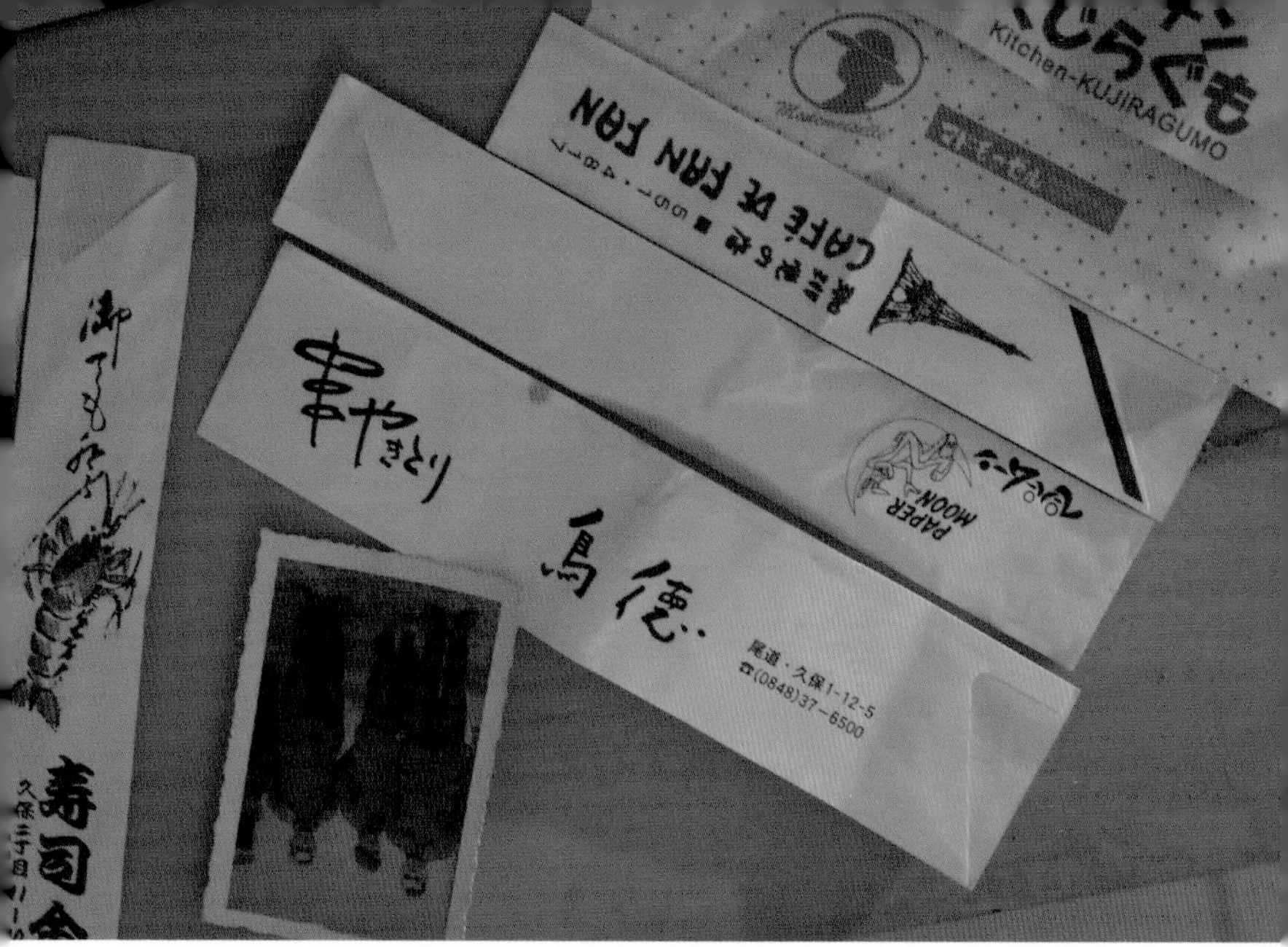
寿司金
串やきとり
鳥徳
尾道・久保1-12-5
☎(0848)37-6500
PAPER MOON
CAFÉ DE FAN FAN
Kitchen-KUJIRAGUMO

スリップ注意
転倒注意

肉體は濡れて

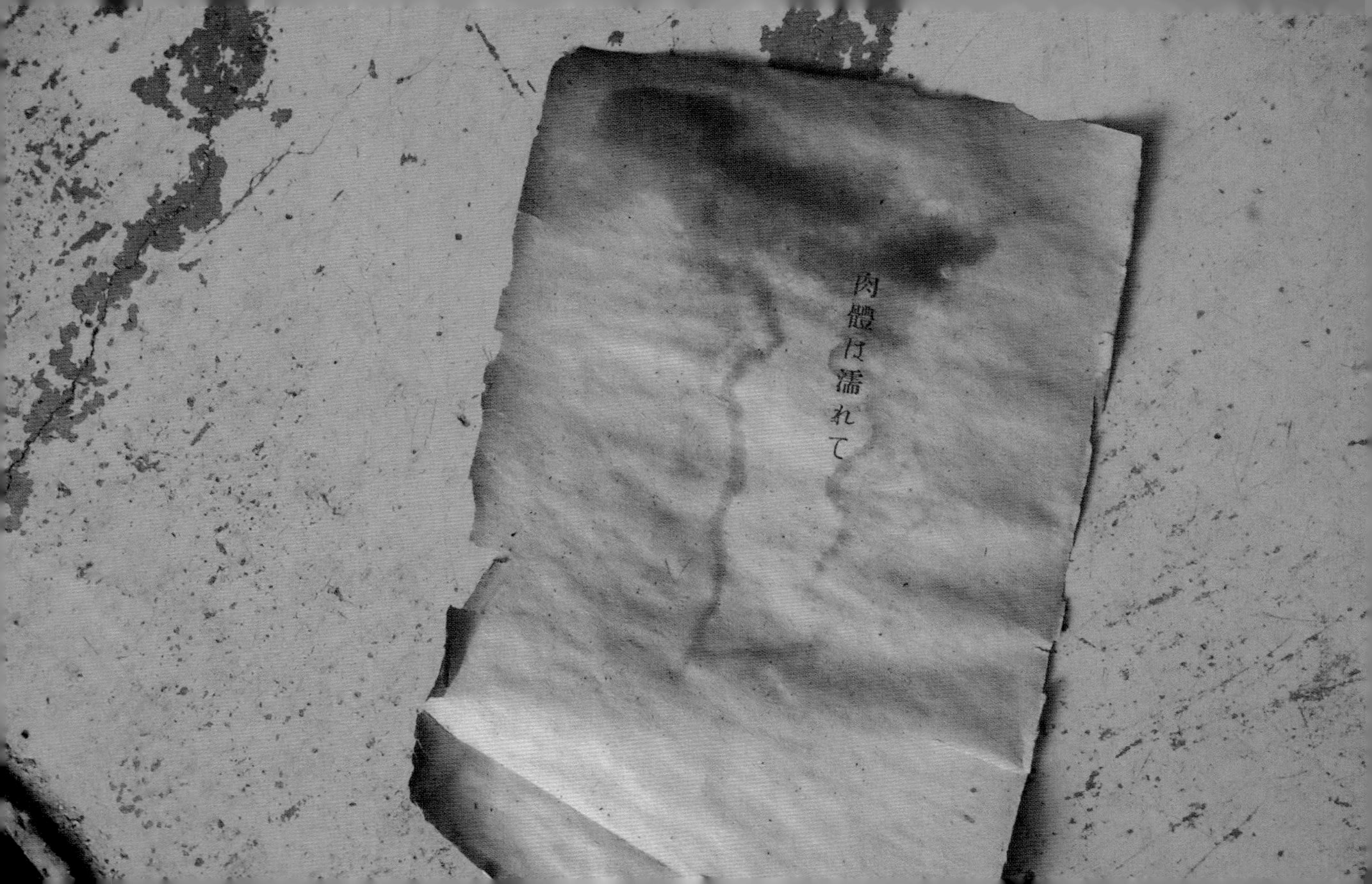

猫背のひとりごと

独座雑念

夜の二十三時、開店時刻である。店の電気をつけて、窓のブラインドをあげる。表看板を出す。通りから見ると夜に浮かびあがった鉄道車両にも見える。それとも、海に浮かびあがる潜水艦か。真夜中のしばしの時、お客さんが乗船してくる。

ひとりの青年が店に来た。車で三重県から高速を飛ばしてやってきた。車内には大量の本が積まれてある。見てみると、文学研究の専門書や思想書など、なかなか手に入りにくい本ばかりだ。店で売って欲しいという。「僕にはもう必要のないものだから」と。彼は、僕と同じ大学出身で、何歳か年上の先輩にあたる方だった。同じ先生の授業も受けていたらしい。「僕はやっぱり京都だったんだ。出口が欲しいよ、藤井くん」寂しそうな横顔だった。もしかしたら、違う人生を歩んだもうひとりの僕だったのかもしれない。

ひとりの歌人が店にやってきた。彼は、尾道のＮＰＯが主催するライターズインレジデンスという物書きのための宿泊プログラムを利用して尾道に滞在していた。僕と同世代の彼は短歌を書いている。まだ文学賞などには応募していない。彼と連れだって呑み屋へいった。書いている短歌みせてよと、酔いながら僕が言うと、彼は恥ずかしそうに鞄からＡ４の紙を一枚取りだした。そこに書かれたものを読みながら偉そうに批評、というより肴にして彼に絡む。怒られるかと思ったら、彼は口元を緩めながら「はじめて誰かに読んでもらった」と言った。その時の彼はどこか嬉しそうだった。

仕入れた本と交じって、古い電話帳が店にやってきた。尾道の商店組合が発行していたもので、今はもうない店名が並ぶ。さて、どうしようかと常連さんと電話帳をアテに話していると、ふとひとりの男性から「それ、私も見ていいでしょうか？」と声がかかった。もちろんですよと手渡すと、彼は手を震わせながら、ほんとうに愛おしそうに頁をめくる。「私は尾道出身なのですが、ここには私が子どもだったときの店が全部ある。店の名前ひとつひとつに、あの頃の思い出があります。」その一冊は男性の青春そのものに思えた。

ひとりの女性が深夜に店へやってきた。今時風の若い子である。はて、僕の店でどんな本を選ぶかなと思っていると文庫本で井上靖を持ってきた。渋い、なんとも渋い。話してみると、井上靖の『しろばんば』が一番好きな本だという。本の話や身の上話を聞いていると彼女の携帯電話が鳴った。彼女は出ずに無視し続けている。出なくていいのと聞くと「いいんですよ。自分が浮気した癖に」となんとも勝気だ。清々しい。と思ったら、今度は僕の携帯電話が鳴る。知らない番号だ。道に迷ったお客さんかなと出てみると男の声で「そこに若い女性が来てませんか?」とくる。彼女がジェスチャーで言わないでという。ひとまず、ここにはいないですよと返事して電話を切る。そのあと、何事もなくてよかったが、さすがに肝を冷やした。

夜の二十七時、閉店時間である。表看板をさげ、ブラインドを下す。誰もいなくなった店内で椅子に腰をおろし、ラジオ深夜便に耳をかたむける。この時間がたまらなく好きだ。電気をひとつずつ消していく。日が昇らぬうちに、小さな潜水艦は睡魔に沈みこむ。

町の骨、皮膚

店の斜め隣りに、もう誰も住んでいない空き家がある。いつ建てられたかは分からないが、かなり朽ちていて、屋根の上に無理やり作られたベランダは骨組みだけになっている。それが見事で、無用になった骨が宙に浮いたようにも見える。季節によっては骨の間に月がかかる。誰も登ることがないベランダに月が干されている。

尾道にはこうした空き家が多い。車も通れない、急斜面の山沿いに這うように作られた民家は住む人がいなくなれば、空き家になってしまう。車道に接面していなければ、取り壊すと新たに建てることはできない。こうした空き家を所有者から移住希望者へ橋渡ししているのがＮＰＯ法人尾道空き家再生プロジェクトだ。

高校生の頃から地元のテレビでその活動を見ていた。古い空き家が再生され、カフェやアーティストの活動の場所として甦る。隣町で繰り広げられる営みは高校生の目には魅力的にうつった。僕はひとりで電車に乗り、尾道に来ては、町々の路地を歩いた。お店に入って珈琲を飲むようなお金はなかった。それでもじゅうぶん楽しかった。そこは片道四二〇円で行ける、異国の町だった。

古本仕入れの電話が鳴る。尾道の山手の空き家の片づけで、古い本がいくつかあるという。空っぽのバックパックを背負い、急な階段をのぼってゆく。こじんまりとした小さな家だ。尾道水道から吹く風が気持ち良い。風景は格別だが、車が入らない場所によく建てたものだ。家には元の住人の私物が溢れかえり、カレンダーが十年前で止まっている。旅行好きの人だったのだろうか。全国各地の民芸品のコレクションが部屋の一角に飾られている。めぼしい本と観光絵葉書をバックパックに押し込み、入りきらなかった本は段ボールに入れ、抱えて運ぶ。坂を降りる時には感傷的な感情は汗で流されている。

店をはじめてからの数年間、商店街の風景も少しずつと変わった。歴史的価値があるわけではなかったが、町に暮らす人びとにとっては親しみ深い街角や、味わい深い建物たちはコインパーキングや月極駐車場と様変わりした。建物がなくなれば、路地もなくなる。隣がなくなった家の素肌はトタンでおおわれる。町の皺が薄くなってゆく。

古い建物だからいい、新しい建物だから悪い。そんな簡単な話だけではないだろう。新しく作られた店にも、人と人の関わりあいのなかで商いをし、暮らしをつなぐ人びとがいる。どれだけ建物を保存しても、そこに人の温度がなければ、呼吸のない箱があるだけだ。

弐拾dBは元は深い路地裏にある医院の建物の一階にある。尾道空き家再生プロジェクトがここを譲り受け、シェアハウスとして活用し、診察スペースは古本屋に生まれ変わった。見た目レトロではあるが、惹かれたのはそこではない。決め手は家賃の安さだった。この建物がなければ、店を始めようとも思わなかった。周りの建物は年を経るごとに取り壊され、駐車場になった。ぽっかりと空が開けた場所で、時代に取り残されながら、今を生きている。まだ肉体はそがれてはいない。

古書店主たち

「華かな新刊書店と異なり、一見くすんだ店構えの、色褪せた書棚の奥に控えているのはいずれもひとくせありげな顔をした人物ばかりである。本好きでなければ出来ない商売である。そして私はこの気むずかしい顔をした古書店主たちが好きなのだ。」

野呂邦暢「古書店主」（『夕暮の緑の光』）

店を始める前に何軒かの古本屋へ足を運んだ。本の並べ方、ラインナップ、値段のつけ方、本棚の配置と照明の関係。どこかの店で修行した訳でもなく、社会から脱走して始めるような店だったので、他のお店から学べることは謙虚に盗みたかった。

倉敷の古本屋と言えば必ず名前のあがる名店、蟲文庫。店主の田中美穂さんは会社勤めを辞め、二十一歳という若さで開業し、二十年以上経った今でも営業を続けられている。初めてお店にお邪魔したとき、その小さな店内に閉じ込められた、濃密な空気にどきどきした。現代作家の単行本もあれば、原民喜の新刊本も置いてある。硬派な文学書があるかと思えば、ちょっとしたハウツー本もさらりと置いてある。拘っているのに嫌らしく感じない、風通しの良さがとても気持ち良かった。会計のとき、僕はおそるおそる話しかけた。「僕も来年から古本屋をやろうと思って」すると田中さんは「一緒に頑張りましょう」と静かに笑って返してくれた。「頑張ってください」でなく「頑張りましょう」と言ってくれたのが、当時の僕にはどれだけ心強かったか。『わたしの小さな古本屋』（ちくま文庫）は田中さんが書き記した、開業のいきさつ、帳場から見つめたお客さんとの日々を収めた、古本屋本の名著だ。その素朴なお店の在り方や、自然体で気負いしない田中さんの言葉に何度となく励まされた。

金沢へ古本屋巡りの旅行に行ったこともあった。オヨヨ書林、金沢文圃閣と名だたる古本屋を巡っては、バックパックをぱんぱんにするほど本を買った。特に印象深く記憶に残っているのは、浅野川近くにお店を構える、あうん堂。外観からは古本屋というよりは、ちょっとお洒落なギャラリーにも見える。店内は広くはないものの、棚のひとつひとつに本への愛情を感じられた。奥はカフェになっていて、本と共にゆったりと時間を過ごすことができる。トイレを借りると、壁にこじんまりとした本棚がこしらえられており、小粋である。ここでも、会計の時に古本屋を始める旨を伝えると、帳簿をつけながら「同業者になるんだねぇ」と微笑む。その店主の顔がとてもダンディでかっこよかった。

ダンディな店主といえば大阪の古本屋「一色文庫」（現文鳥堂）も忘れてはならない。天王寺のビル街の真ん中でひっそりと佇む店内には本棚へ向かって椅子が何脚も置かれている。自然と椅子に腰かけ、本を選ぶ。ここは圧倒的に本が安い。文学関係、一般図書もごちゃまぜですべて一冊一〇〇円だったりする。大阪のど真ん中で正気かと突っ込みたくなる。店主と話していると「藤井くん、珈琲飲みます？」とすすめられる。ぜひと答えようとすると「ミルクとか砂糖ないんで、ブラックしかできんけど」と続く。ちびちび飲みつつ本を物色していると、老若男女さまざまなお客さんがやってくる。すると、さきほどのように一人ずつに珈琲飲みますか？と聞いている。毎回、ブラックしかないという説明付き。お客さんがはけたあと、「全員に珈琲出して、すごいですね」と言うと、「だって先に入っているお客さんが珈琲飲んでて、自分だけもらえなかったら寂しいじゃないですか。でも、もう今日は無理ですよ。さすがに」

困ったように笑っている姿がひょうきんなのだけれど、不器用な優しさを感じる。

学生時代、古書店主は怖い人たちばかりだと思っていた。本棚から本を抜きとるときは物音ひとつさせてはいけない、本を買ってもつまらなそうにお釣りを渡される。ちょっとした緊張感がある。が、色んな店をまわり話してみると、存外そうでもないことに気づく。一見、世の中に対して捻くれているかと思えば、好きな本の話になると学者並の知識を少年のように嬉々として話す人もいる。人当たりが柔らかい店主かと思えば、その根底に抵抗の意志が流れている。一癖も、二癖もある店主たちはひとりぼっちの僕に優しかった。

そんな僕もいつの間にか、古書店主になってしまった。あの時、憧れた店になれたかどうかは分からない。気づけば、いつも不機嫌な古本屋のおっさんだ。それでも、お客さんが選ぶ本のラインナップに「そう、そういうことなんだ」と店を、僕自身を分かってもらえたような気がする時がある。ひそかに人間社会に紛れこむ同志を見つけたような思いに駆られ、本以外の何かを託してしまおうとする自分がいる。大丈夫だ、死にぞこなって逃げ続けろ、泣きながら幸福な迷惑を生きろ。と昔の自分を励ますように、声にならない声でお釣りを渡す。

魂の値段

とある女性のお宅へ遊びに行った時、その人は本棚というものを持っていなかった。雑貨や普段使いの棚の間にひっそりと、江國香織の文庫が数冊。カバーを外した裸の状態で、本の四隅が丸みをおび、くったりとした柔らかさに包まれている。何度も読み返したのだろう。書かれた文字は頁から体へと注がれて、本の姿を崩しては彼女の輪郭を保ってきた。その部屋に、本はそれだけだった。

尾道に住んでいた男性が長野へと引っ越した。初老の男性で、穏やかに話す姿はいつもとてもやさしかった。引っ越した理由は体調不良とのことだったが深くは知らない。数か月後、そんな彼から荷物が送られてきた。中身はいくつかの本。店で売って欲しいとのこと。僕の中也好きを分かってか中原中也のレコードも入っていた。ありがたいと思いつつ、本を開くと頁の隙間から一枚の紙が落ちた。それは大きな病院の案内地図だった。もう四年前のことだ。

学生時代、大学生協で梶井基次郎の『檸檬』を買った。京都に来たからには、読むべき本だと思った。部室にいつものように立ち寄ると、そのとき片思いしていた先輩から一輪の花を何気なくもらった。花の稽古の余りものだったが、(当時、僕は茶道部に所属し、稽古漬けの日々を過ごしていた) 僕はそれがあまりに嬉しく、『檸檬』の間に栞にして挟みこんだ。ついこの間、ぼろぼろになったその本を開いてみると花はなくなっていた。なんの花だったかは思い出せない。

本はインクの染みた紙の束なのに、どうして人はこんなものに心を託し、委ね、何かを求めるのだろう、と不思議な気持ちになってしまうことがある。古本だと豪華な大型本一冊が数百円にしかならず、ヤケのある、今にも崩れそうな本が数万の値で売れることだってある。重さではないのだ、大きさではないのだ。分かってはいても、変な物体だと思う。

鞄のなかにはいつも本をいれていた。その日一日読むわけでもないのに、本があるというだけで安心した。他の荷物にもまれた本はいつもくたびれた姿になる。大切にしているとは言えなかった。それでもお気に入りの本を喫茶店のテーブルに置いたとき、心が明るくなるのだった。表紙を撫でては、それだけで嬉しかった。

大学を卒業し無職で実家に帰ってきたとき、人生ではじめて本を売った。マルクス主義の古い全集の端本をまとめて何冊か紙袋にいれて、町の中心部にあるブックオフへ。煌々とした灯りが雨に濡れた道に反射して、やけにまぶしかった。買取金額は全部で五八円。切手代くらいにはなるかと、雨が降りしきる町を濡れながら家へと帰った。

はじめて誰かに買ってもらった本をあなたは覚えているだろうか。あるいは友達の部屋ではじめて読んだ漫画のこと。はじめて薔薇の花を贈った日のことは？　図書館で何かから逃げるように読んでいた本の色は？　金木犀の匂いのした路地のこと、海の色はいつも同じだろうか。これまで飲んだ酒の量と、吐き出した言葉の数と、打ちのめされた夜と朝。自然とこぼした本当と、投げ捨てることもできなかった嘘。掴み損ねた時間があったから、今ある手の温かみ。本を買った、本を贈った、本を売った、本を捨てた。その時見たあなたの顔。それを以てして、今ある僕の声と、消えつつある青さか。

「僕の魂をあんたはいくらで買い取るんだい？」雨に濡れていた僕が古本屋に聞く。

盲目の季節

店の番台の後ろに中原中也全集を置いている。お客さんが反応するたびに、「学生時代にバイト代で買ったんです」と返す。くり返し読んだ全集は、そのまま当時の記憶の重石だ。頁をめくれば、詩篇の隙間にひとりの学生の声が聞こえてくる。

彼は大学入学前から、卒論には中原中也で書くと決めていた。中也が好きで文学部へ進学したと言っても過言ではない。卒論するのなら中也、理由は好きだから。それは詩人という存在に自分が近づくための唯一の方法だと思っていた。文学を愛し、ろくに働かず、喧嘩が弱いくせに相手に食ってかかる。生活そのものが詩だった中也に憧れていた。

風が立ち、浪が騒ぎ、
　無限の前に腕を振る。

大学三回生の頃だったか、大教室に集められて就職活動のガイダンスを受けた。会の最後、リクルートの担当者からなりたい職種を書くようにと紙が配られた。彼は自分がどこかの正社員として働く姿をまったく予想していなかったし、まっとうな社会人になろうとも思っていなかった。希望職種の欄に「詩人」と書いて提出し、そそくさと教室をあとにした。

しっかりとスーツを着て就職活動に励む同回生が疎ましかった。文学が就職なんてするものかと斜に構えていた。そんな彼は大学院に進学するための準備をすすめた。中原中也の研究者を目指せば、本を読んで、文学についてあれこれと語りたいだけの自分の暮らしに多少言い訳ができる気がしていたからだ。もちろん好きな本を読んでいるだけで、詩を読むだけで暮らしていけるほど、研究者の道は甘くない。見たくない現実を遠くに押しやるような選択。本当はどうやってお金を稼いで暮らしたらいいか不安だったのだ。

その間《かん》、小さな紅《くれなゐ》の花が見えはするが、
　それもやがては潰れてしまふ。

四回生になって数か月後、彼はいつの間にか髪を短く切り、大学生協で就活用の鞄と面接対策の本を数冊買っていた。履歴書に使うというペン（そんなペンがあることも知らなかった）を部活の友人からもらい受けた。烏丸御池のハローワークへゆき、今からでも就職できそうな会社はないかと探した。自転車で京都市中を走りまわり、面接前には会社の近くで何度も何度も手汗をぬぐった。まわりに遅れながらの就活らしい就活。彼自身にとっては、就活のコスプレのつもりだったが、鏡にうつった自身の姿はどこにでもいる、まぎれもない就活生だった。

もう永遠に帰らないことを思つて
酷薄《こくはく》な嘆息するのも幾たびであらう…

きっかけはひょんなことだった。にっちもさっちもいかない恋愛沙汰で彼は、院進学を諦めた。そもそも本当に研究者になりたかった訳ではなかった。ただ、本を読みながら好きな人と酒が飲めたらよかった。ただ、それだけだった。就職して趣味として本が読める生活を選ぼうとした。内定の連絡をもらったとき、彼は人並み程度には喜んだ。喜んだあと、訳もなく悲しくなった。何かが違う。何か間違った道を選んでしまったような怖さがあった。これが自分の望んだ生活だったか。これが本当の自分だったか、と。

私の青春はもはや堅い血管となり、
その中を曼珠沙華《ひがんばな》と夕陽とがゆきすぎる。

それまで毛嫌いしていた煙草を吸い始め、酒を飲み過ぎては、人に当たり散らし、散らしては暗くなっていった。気づけば本が一行も読めなくなり、あれだけ好きだった中原中也の卒論は未完成のまま冬を迎えた。

それはしづかで、きらびやかで、なみなみと湛《たた》へ、
　去りゆく女が最後にくれる笑《ゑま》いのように、

大好きだった祖母が亡くなったこと。惚れた女とはうまくいかなかったこと。本が大好きだった自分が本を読めなくなったこと。正月に降り積もった雪が灰色に見えたこと、教授に相談したときの研究室の匂い。心療内科でもらった薬の軽さ。泣きながら見ていた夕陽。

ある朝、彼は内定先に辞退の電話をかけた。

　厳《おごそ》かで、ゆたかで、それでいて侘《わび》しく
　　異様で、温かで、きらめいて胸に残る……

　　　あゝ、胸に残る……

頁を閉じ、本を函に戻す。記憶の断片は全集のなかで散らばっている。就職する道

も、研究者になる道からも逃げた学生はどこに消えたのか。

「その中也全集はいくらですか？」

ふと、お客さんが声をかけた。僕は重い全集を元に位置に戻しながら答える。

「これは僕が学生時代に買ったもので、売り物じゃあないんです」

まだ当分売れそうにもない。

詩は中原中也「盲目の秋」より

番台暮らし

開店前の二十二時ごろに珈琲を淹れ、昼間買ってきたミスドのドーナッツを頬張る。夜だと最近は甘味モノをよく食べる。お客さんの差し入れで菓子をもらうと、それをアテにして茶もすする。羊羹など、ねっちりした（東海林さだおがこんな表現をしていた）餡子系は少し苦手だったりするが、ちゃっかりいただいている。何につけても、夜のお菓子は罪の犯し。食べすぎに気をつけなくては。

昼営業のときは出前をとることもある。尾道図書館ちかくの「きはら食堂」。電話で「古本屋です。親子丼ください」と伝えると、出前バイクに岡持《おかもち》をひっさげて持ってきてくれる。番台の上の小さな贅沢だ。木の岡持がいい風合でかっこよく、何か本とからめて使えないかと思いヤフオクで注文してしまった。「これからは一家に一つ、マイ岡持」と謳ってみたが少々持て余し気味である。今はお客さんからもらったお菓子などをとりあえず入れておく用でつかっている。

店内で食べると匂いがきついものは、表のベンチか台所（シェアハウスの共用部分）で食べる。お客さんが多そうなときはベンチで来客を確認しながら。閑古鳥の日には台所で食べる。イメージでいうと昔ながらの商店の雰囲気に近いのだろうか。職住一体型の店舗スタイルを続けている。時々、外のベンチには先客がいる。足の悪い近所のお爺さんがコンビニのざるそばを頬張っている。この老人と会話するのが面白い。夏の暑い時分に水打ちをしていたら、「あんたの二階をな、宿にして人に貸したらいいんよ。そこの駐車場も借りて。ちょっと頭を使わにゃあ、そんな水をまいておっても一銭の足しにもならんよ」と説教を受けてしまう。かつては、ボウリング場やキャバレーなど多角経営していたというが、本当か嘘か分からない。「お客さんは多いか」「うちはいつも暇ですよ」そんな会話の去り際に「三〇〇円の本を買おうか、文字の大きいのがええ」となるのがいつもの流れだ。ある日は高橋義夫『知恵ある人は山奥に住む』を手渡した。チップにと三十二円おまけでもらう。

番台にはパソコンを開いて作業するスペースがないので、もろもろのネット関係はスマホ一本ですます。本当は不便でしょうがない。片づければいいだけの話だが、新刊の入荷で一緒に入っている広告チラシやお客さんからもらった紙モノ類がどうにも捨てられず、ついついため込んでしまう。唯一の机部分が塞がったままの状態だ。番台後方の棚にはワンカップ大関を置いている。いつでも酒が飲めるようにという訳でなく、お客さんからもらったものをなんとなく飾っているだけである。一時期、灯油ストーブに水のはった鍋を置き、そこにワンカップを沈め、熱燗を作ることにはまっていた。それをＳＮＳで見たお客さんがこぞってお酒を持ってきてくれるようになったが、さすがに近頃は深夜に飲みながら営業するのはきつくなってきた。

夏は二階の自室が暑く眠れたものではないので（エアコンはついていない）、店内に布団を敷いて寝ることにした。布団を敷けるぎりぎりの狭さだが、これがなかなか快適でよく眠れる。四方を本棚に囲まれ、本好きが妄想する世界を実践している。地震があれば命の保証はない。なに、そんな時は建物もろとも崩れるから、どうせなら好きな本に埋もれて死にたい。

片道六十円

駐車場の安さから、対岸の向島《むかいしま》に車を停めている。いざ車に乗ろうと思えば、わざわざ渡船《とせん》に乗り、一〇分ほど波に揺られる。片道六十円～百円（駅前渡船、福本渡船、尾道渡船と三つの航路がある）の小旅行だ。古本の仕入れやちょっとした買い物の時以外に車に乗ることも少ないが、急いでいる時や雨の日はやはり不便ではある。そろそろ店の近隣で駐車場を借りようかと思いつつ、渡船から眺める尾道の町が好きで二の足を踏んでいる。

朝夕のラッシュ時ともなると、大勢の中高生たちが渡船を乗り降りする。渡船が生活の足としてまだ生きている。尾道側の桟橋付近のベンチでは、そんな学生たちが暮れなずむ時間を思い思いに過ごす。彼らを横目に、コンビニで買った缶ビール片手に防波堤でぼんやりするのも一興だろうか。尾道水道を行きかう船を眺めているだけでもじゅうぶんに楽しい。

山手側から町を見下ろす風景は観光写真の定番だろう。どのような撮り方でも絵になる。尾道らしいと言えば、この箱庭のような景観なのだろうが、住んでいる身からすれば下から山手を見上げていることのほうが多い。友人が遊びにきたときに一緒にロープウェーに乗ってやっとこんな町に住んでいたのかと思い出す。

千光寺公園は花見の名所で、シーズンにはブルーシートを敷いた花見客で賑わう。いつだったか友人達と夜桜を楽しんでいると、どこからかアコーディオンの音が聞こえてきた。音のするほうを見れば、赤いジャケットを着たおじいさんが宴席をまわっている。流しの音楽といった風情で、それはまるで『風琴《ふうきん》と魚の町』の世界だ。

林芙美子の処女作『風琴と魚の町』は、彼女が二十四才のときに書かれた自伝的短編作品だ。風琴とは、父の商売道具のアコーディオンのこと。旅商人の両親はたまたま流れ着いたこの町に心地よさを感じる。

「ここはええとこぢゃ、駅を降りた時から、気持が、ほんまによかった。ここは何ちてゆてな?」

「尾の道よ、云うてみい」
「をのみち、か?」
「海も山も近い、ええとこぢゃ」

林芙美子『風琴と魚の町』より

尾道は昔から流れ者が多い町だったという。町の名前が「道の尾っぽ」で、尾道。この町に逃げるように訪れる人びとが少なくないのは、昔も今も変わらない。彼女が生きた時代の匂いや音は、いまも路地のどこかに染みついている。夜の暗闇を一本入れば、とたんに小説の世界だ。僕も登場人物のひとりなのかもしれない。

近所の呑み屋で一杯ひっかけていれば、横のおっさんに声をかけられる。コンビニへしばらく通っていると、いつの間にか世間話をする仲になっている。八百屋でスイカを買っていると、道すがらのおばさんに「あんた、スイカがよう似合うねぇ」と褒められる。そんな時間が折り重なって、よそ者だった僕も暮らし始めて七年目になる。愛想のいい町とは少し違う。人懐っこい町ではあるが、誰彼かまわずという感じでもなさそうだ。表と裏、本音と建前、本通りと裏路地。のどかな港町にみえつつ、そこには言い切れない感情が交差している。船は見事に衝突せずに交差する。誰もがみな、渡船の上で乗り合わせた者どうし、波に揺られつつ欠伸する。自分が暮らす町を近くも遠く、遠くも近く眺めながら。

あとがき

どうして古本屋だったのかと聞かれれば、「これしかないと思ったから」と答えてばかりいます。絶対この商売がしたかったというよりも、本を通してなら自分のような社会不適合者でも人と交わり、社会に関わることができると思ったから始めた商いでした。見切り発車で手探りの開業だったので、最初は本の在庫もおそろしく少なかったですが、今ではそれなりにお店らしい顔になってきました。他人事のような言い方にはなりますが、改めて店内を見渡すと本棚があって、本が並んでいて、「まるで古本屋みたいだな」と毎日不思議な気持ちになってしまいます。

二十三歳で店をはじめて、千夜一夜。一頁ごとに酒に弱くなり、腰を痛めながらもなんとか五年は生きながらえることができました。ひとえに、緩くもしっかりと見守ってくださる尾道という町の温度と、店に足を運んでくださるお客さん達の、なかなか店に来ることができなくとも、遠くの町から思ってくださる皆さまの（それはあなたです）声のお陰です。毎夜、ほんとうにありがとうございます。

開業後も続けてきたゲストハウスのアルバイトも去年の暮れに退職し、弐拾dBの支店として尾道駅裏に「古書分室ミリバール」を開店しました。昼はミリバール、深夜は弐拾dBを開店する二店舗営業をしています。おかげさまで、店番漬けの毎日です。

執筆のお話をいただいたのが、今年の一月頃。本著におさめた日記にはコロナ禍に惑わされている僕をみていただくことができると思います。怒ったり悲しくなったり、せわしない日々の記録です。青臭い文章が多い気もしますが、いまを生きる僕にしか書けなかった若さゆえの青さだと思っています。三〇歳を目前にして若いというのも無理があるかもしれませんが。

カバー装画は店を国道側に出て、バス停を眺めたときの風景です。ある日の夕暮れ時、親子が手を繋いで歩いているのを写真におさめていました。それを元に保光敏将さんが美しくも懐かしい世界を作りあげてくださいました。空に浮かぶ雲の淡さやコンクリートのかすれなど、とても贅沢な器です。文章の味の良し悪しについては読者の皆さまに委ねます。

最後に、数ある本の中から、この一冊を手にとってくださったあなた。頁をめくっている間だけでも、少しだけでも長く、あなたの呼吸がどうか続きますように。あなたの呼吸の音が、頁をめくる音となりますように。

二〇二一年十一月　　藤井基二

著者について

藤井基二《ふじいもとつぐ》

1993年広島県福山市生まれ。2015年に龍谷大学文学部日本語日本文学科を卒業。尾道の古本屋 弐拾dB（にじゅうでしべる）店主。「雑居雑感」（弐拾dB発行）編集人。好きな食材は三つ葉と春菊。お吸い物やおうどん、かつ丼に三つ葉がある幸せ。

店舗情報

古本屋 弐拾dB（にじゅうでしべる）

〒722-0045
広島県尾道市久保2-3-3
JR山陽本線尾道駅より徒歩15分ほど
平日＝23時～27時
週末＝11時～19時
木曜定休

古書分室ミリバール

〒722-0031
広島県尾道市三軒家町3-26
三軒家アパートメント西1階
尾道駅裏、徒歩3分
平日＝12時～18時
週末＝変則営業
木曜定休

初出

夜の染み：「頁をめくる音で息をする」
第1回〜第14回（Web本の雑誌 2021年2月〜10月）

二〇二一年の日記：書き下ろし

猫背のひとりごと：書き下ろし

カバー装画　保光敏将
写真　藤井基二
装丁　松本孝一

頁（ページ）をめくる音で息をする
２０２１年11月30日　初版第１刷発行
２０２４年11月１日　初版第４刷発行

著　者　藤井基二
発行人　浜本　茂
発行所　株式会社 本の雑誌社
〒１０１-００５１
東京都千代田区神田神保町１-37 友田三和ビル
電話　０３（３２９５）１０７１
振替　００１５０-３-５０３７８
印　刷　モリモト印刷株式会社

定価はカバーに表示してあります

ISBN978-4-86011-464-0 C0095